I0139660

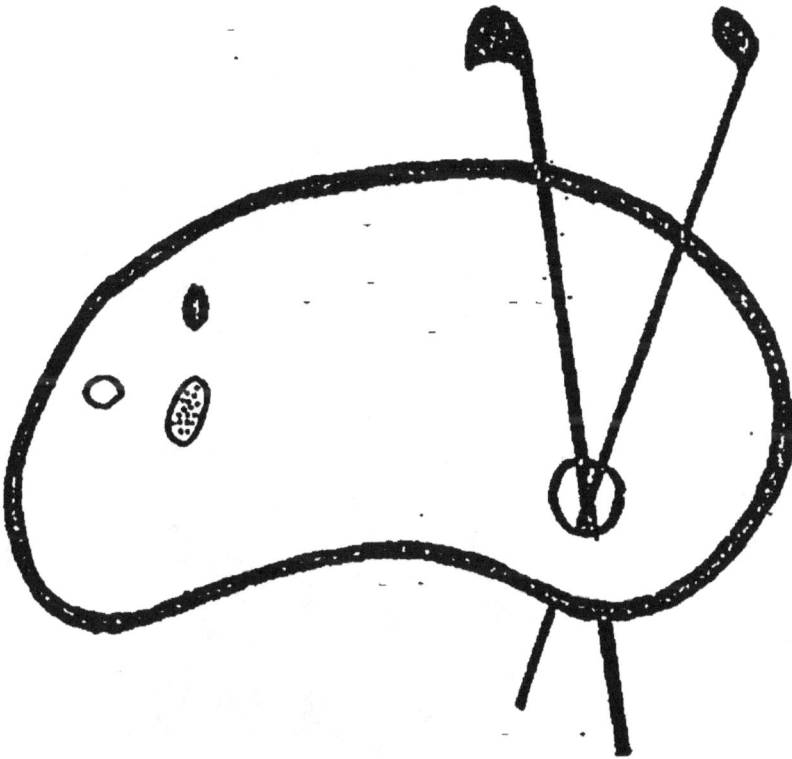

COUVERTURE SUPERIEURE ET INFERIEURE
EN COULEUR

102

CHIROMANCIE ET CHIROGNOMONIE

ou

L'ART DE LIRE DANS LA MAIN

Par Jules GAUTIER

J.-B. BAILLIÈRE ET FILS, RUE HAUTEFEUILLE, 19.

PARIS 1885

TYPOGRAPHIE

EDMOND MONNOYER

LE MANS (Sarthe)

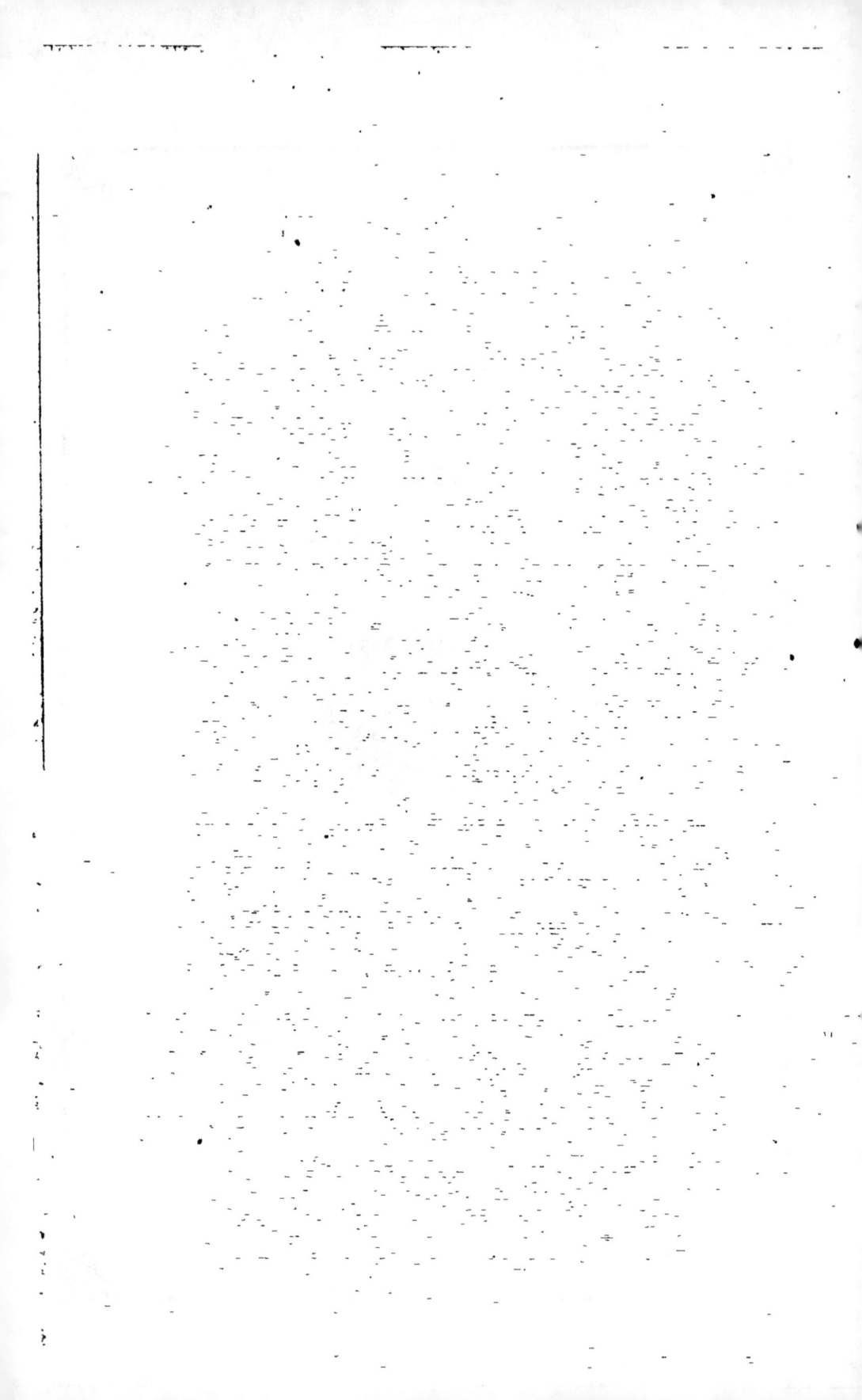

CHIROMANCIE

ET

CHIROGNOMONIE

R
6 2

DU MÊME AUTEUR

DU

MASSAGE OU MANIPULATION

APPLIQUÉ

A LA THÉRAPEUTIQUE ET A L'HYGIÈNE

1880, in-18 72 pages

Prix... 1 fr.

DE LA FÉCONDATION ARTIFICIELLE

ET DE SON EMPLOI

CONTRE LA STÉRILITÉ CHEZ LA FEMME

(TROISIÈME ÉDITION)

1881, in-18, 80 pages

Prix... 1 fr. 50

LA CHIROGNOMONIE

ET LA PHRÉNOLOGIE

1883, in-18, 139 pages

Prix... 2 fr.

CHIROMANCIE ET CHIROGNOMONIE

ou

L'ART DE LIRE DANS LA MAIN

Par Jules GAUTIER

J.-B. BAILLIÈRE ET FILS, RUE HAUTEFEUILLE, 19.

PARIS 1885

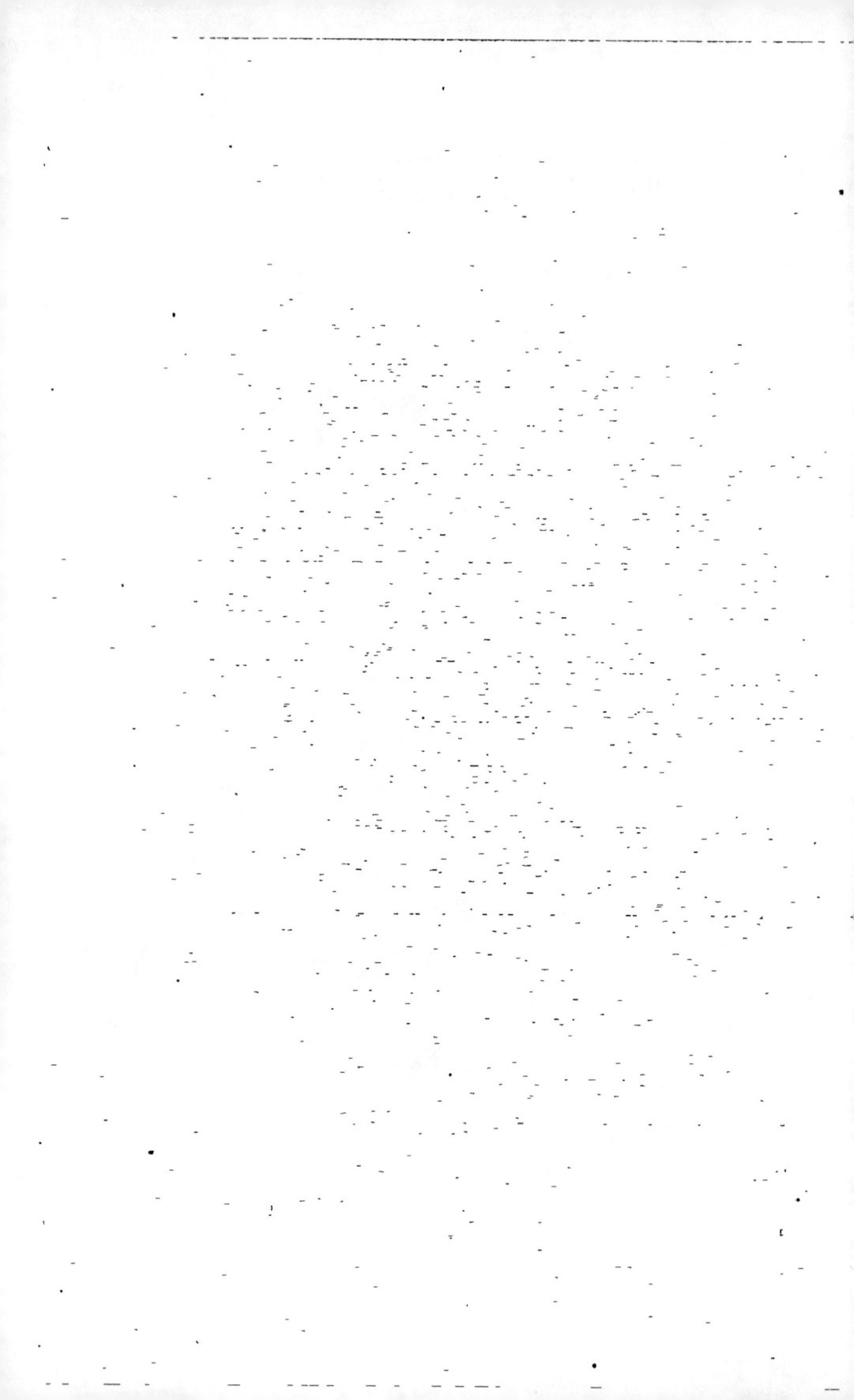

PRÉFACE

C'est par les sciences que les hommes s'instruisent, et par les écrits que les sciences se transmettent d'âge en âge.

Il y a des sciences vraies et d'autres qui ont été supposées ; de là provient la nécessité de rechercher la vérité parmi les mensonges, et l'embarras dans lequel on se trouve pour arriver à la distinguer sûrement.

La *Chiromancie*, considérée comme rudiment physiologique et même psychologique, a été une science aussi honorée des Egyptiens qu'elle est méprisée et méconnue aujourd'hui, mais si rien ne se perd dans la nature, il ne serait pas impossible qu'elle reparût un jour sur la scène du monde.

Dans cet examen, il est nécessaire d'apporter une véritable circonspection et une sage défiance. Il y a des hommes qui ont pour l'antiquité une vénération outrée ; il suffit, suivant eux, qu'une chose ait été dite autrefois pour qu'elle soit la seule vraie, la seule digne de foi.

1

C'est-là un excès dangereux, car les anciens se
sont souvent trompés, sans que l'on puisse pré-
tendre qu'ils aient continuellement marché
d'erreurs en erreurs; il n'y a que les ignorants
qui regardent les philosophes de l'antiquité
comme des hommes qui auraient tout à apprendre aujourd'hui.

Les peuples sont naturellement portés à
penser, les uns des autres, comme un homme
d'un autre homme; ceux qui existent croient
que c'est à eux seuls que la postérité sera rede-
vable du progrès des sciences, tandis que les
connaissances nouvelles ne sont souvent que
le résultat des études anciennes.

Le temps et l'expérience sont en effet deux
grands maîtres. Si les anciens ont fait des
erreurs, les modernes n'en sont certainement
pas exempts, et, s'il est difficile de se guider
sûrement dans la route de l'avenir, il faut au
moins, sur celle du passé, apporter toute l'attention nécessaire pour ne pas ajouter de nouvelles erreurs à celles d'autrefois. Lorsque les
anciens ont affirmé que telle chose est vraie,
qu'ils l'ont reconnu et vérifié, il serait injuste
de repousser leurs affirmations parce qu'elles
sont restées incompréhensibles; ils peuvent
avoir eu, pour se former une opinion, des

raisons dont le fil conducteur échappe à notre époque atone, plus agacée que nerveuse, plus énervée que sensitive; ils savaient, tout le prouve, distinguer le vrai d'avec le faux, le mal d'avec le bien, mais comme aujourd'hui, comme toujours, le vrai, le faux, le bien, le mal, étaient inséparables de l'état de société où vivent les hommes.

Si la *Chiromancie* est une source de mensonges et d'impostures, il faut la laisser dans un éternel oubli; mais dès l'instant que les philosophes les plus respectables de l'antiquité, ceux là dont la morale est encore la loi du monde : Platon, Aristote, Galien, Albert le Grand, Ptolé-mée, Avicenne, Averroès, Bélot, Frœtichius, Depuruchio, etc, etc..., nous ont transmis sur l'art de la divination, par les lignes tracées dans la main, des réflexions et même de longs traités qui prouvent l'estime singulière qu'ils professaient pour la *Chiromancie*, il faut s'incliner avec respect devant des témoignages aussi imposants. Sans croire servilement que de tels hommes n'ont pas pu successivement se tromper eux-mêmes, car l'antiquité et l'universalité d'une croyance ne seraient contre toute science et contre toute logique, être une preuve suffisante et irrécusable de sa vérité.

Jusqu'au siècle de Galilée et de Kopernik tout le monde avait cru que le soleil tournait autour de la terre. Tout le monde ne s'était-il pas trompé?

Cependant c'est avec une religieuse attention et un sincère désir de s'instruire que l'on doit aller à la recherche de leurs opinions.

On dit même qu'Aristote ayant trouvé sur un autel dédié à Hermès un traité sur cette science écrit en lettres d'or, s'empressa de l'envoyer à Alexandre comme une lecture digne de l'attention d'un esprit investigateur et élevé. Ce livre, rédigé en arabe, a été traduit en latin par Hispanus.

On trouve encore dans Aristote, par exemple, que c'est un signe de longue vie lorsqu'une ou deux lignes, fortement marquées dans la main, en occupent toute la longueur. Il dit aussi avec Galien : La main est l'organe des organes, l'instrument des instruments, dans le corps humain. Nous, nous disons : L'homme, possédant un grand cerveau, il lui fallait des instruments merveilleux tels que les mains pour exécuter les inventions de l'intelligence. Aussi ces deux organes, le cerveau et la main, qui font pour nous le destin du monde, semblent toujours se développer ou se dégrader, ainsi que cela se voit également parmi les animaux, de telle sorte que les êtres dont le cerveau est le plus perfectionné possèdent la main la plus adroite ou réciproquement.

La main est donc l'organe qui exécute les volontés du cerveau et de la pensée ; par sa sensitivité excessive, elle porte à celui-là les impressions qui en font jaillir les idées ; elle est aussi la parole du sourd-muet.

La main devient le cerveau lui-même dans la nuit, là où le toucher remplace la vue.

Les Chiromanciens, comme les anciens philosophes, croient que le grand Architecte de la nature n'a pas coordonné les mondes pour n'y pas connaître notre place, et que dans la planète où nous sommes, il n'y a pas un brin d'herbe qui n'ait sa raison d'être, pas une ligne de notre main qui ne signifie quelque chose, pas un accident de notre vie qui n'ait sa cause et son effet.

Leur science a donc fait croire aux sectateurs de cette doctrine que les signes dessinés dans la main de chaque homme se trouvent sûrement indiquer ses inclinations et ses penchants, ses affections et ses haines ; chacun des événements importants de sa vie s'y trouve écrit en caractères ineffaçables. La main, disent-ils, mieux que la physionomie des hommes, révèle à l'œil qui sait y lire leurs vices et leurs vertus. L'homme compose son visage, il adoucit son regard, il fait sourire ses lèvres; tous ces mouvements musculaires sont en sa puissance, mais le type principal de son caractère reste dans sa main en saillie, lisible et irréfragable témoignage de ce qui se passe dans son cœur.

Ces caractères mystérieux, semblables à ceux qu'une main inconnue traça jadis sous les yeux d'un roi de Babylone, n'attendent, pour être expliqués, qu'une intelligence capable d'en dévoiler le secret.

S'il faut en croire les Chiromanciens, il est des signes qui se rapportent à la constitution corporelle, à la santé, à la maladie, à la longévité, au genre de mort qui doit frapper et à l'époque à laquelle elle doit arriver. Ce sont ces dernières promesses qui font rentrer la *Chiromancie* dans le domaine de la Médecine.

Toutes ces diverses lignes ont donc une signification particulière, et l'art de la *Chiromancie* consiste à savoir tirer de tous ces signes des indications pour prédire l'avenir, ou du moins pour expliquer les caractères, les tempéraments et les constitutions de santé de chacun de nous.

Bien des ignorants vous diront (et ce sont

toujours ceux-là qui s'imposent), que ces lignes
sont formées par les mouvements de la main,
mais nous savons, nous, que les mains des
ouvriers et des gens du peuple, qui sont évi-
demment plus agissantes que celles des gens
oisifs, n'ont presque aucune ligne dans la
paume, à l'exception des lignes principales,
tandis qu'au contraire, les gens du monde, et
plus encore les femmes oisives de ce même
monde, ont les mains intérieurement couvertes
de lignes. Bien plus, les lignes n'existent-elles
pas déjà et très faciles à distinguer dans la
main des nouveau-nés ?

Une particularité à noter, c'est que dans la
paralysie, lorsque le cerveau n'est plus en rapport direct avec la main, l'instrument devenant
inutile, les lignes de la paume disparaissent et
la main devient intérieurement plus lisse.

On distingue deux sortes de *Chiromancie*,
l'une *physique* et l'autre *astrologique*.

La première se borne à connaître par les
lignes de la main le tempérament, et du tempérament elle infère, par conjecture, les inclinations de l'intelligence.

La seconde prétend établir des rapports entre
tels et tels signes de la main et telles et telles
planètes, et l'influence de ces mêmes planètes

sur les événements moraux et sur le caractère des hommes. Cette dernière est donc basée sur l'*Astrologie :* ce point de doctrine est fondamental, c'est sur lui que repose la théorie de cette science.

En somme, si les astres agissent sur notre monde, pourquoi n'agiraient-ils pas sur l'homme qui est, lui aussi, un petit monde ?

L'instinct des animaux qui ne les trompe jamais, n'est peut-être pas un fait étranger à l'influence astrale. La fourmi, par exemple, en creusant sa retraite souterraine où elle va s'engourdir, n'indique-t-elle pas, par le plus ou moins de profondeur de son logis, la rigueur de la saison qui va commencer ?

Les vieux savants, les vieux médecins liaient toute science à l'*Astrologie,* parce qu'ils étaient convaincus que le cours des saisons amenait les maladies, influençait le corps humain, parce qu'ils étaient pénétrés de cette vérité : que le monde physique gouvernait souvent le monde moral, que les bouleversements de l'atmosphère correspondaient au bouleversement des intelligences, que les révolutions engendraient la folie, que les suicides suivaient les années orageuses, et que les planètes dont le cours amène les saisons, les intempéries et toutes les variations du monde où nous vivons, devaient être étudiées. Cependant la science des influences planétaires était enfouie avec soin sous les emblèmes de la mythologie, parce qu'à l'époque où la *Chiromancie* était en honneur, il fallait transmettre ou communiquer la science aux adeptes, sans que les profanes pussent même en avoir une idée. Et les promoteurs de cette science, pour augmenter leur prestige et impressionner les esprits faibles, donnaient leurs séances dans des chambres tendues de noir, entourées de têtes de morts, rendaient leurs oracles drapés dans des robes constellées d'oripeaux, et portant en tête le bonnet pointu ou la toque de juge.

Aujourd'hui, la science n'a plus autant de secrets; grâce à l'Astrologie, l'avenir n'est plus limité. L'Observatoire prédit par calcul, et il prédit juste ; il annonce une tempête huit jours à l'avance, en indiquant l'heure où elle commencera. Huit jours, c'est de l'avenir, c'est la fatalité combattue par la divination, par l'intelligence et aussi par le libre arbitre.

A propos de la terrible catastrophe de Java, M. Bertrand, secrétaire perpétuel de l'Académie des Sciences, ne vient-il pas de rappeler que cet épouvantable cataclysme a été prédit par

1*

M. Delaunay, membre de l'Académie ? En
effet, dans un rapport présenté en 1881,
M. Delaunay a annoncé le tremblement de
terre de Java, et ce savant a pu même indiquer
la date presque exacte à laquelle il devait
avoir lieu.

Le Chiromancien ne fait pas autre chose, il
annonce les tempêtes de la vie et l'époque de
ces tempêtes.

Nous ne discuterons pas, car, dans le système des incrédules, le passé et l'avenir sont
également impossibles à connaître, mais nous
pouvons croire que si les événements accom-
plis ont laissé des traces, il est vraisemblable
d'imaginer que les événements à venir ont leurs
racines.

La *Chiromancie* et la *Chirognomonie* sont
deux sciences qui ne peuvent être séparées,
elles se complètent l'une par l'autre.

Un court exposé en fera comprendre la
portée. Que le lecteur veuille donc bien nous
suivre dans cette petite excursion scientifique.

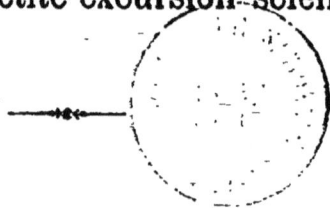

CHIROMANCIE

R.F.

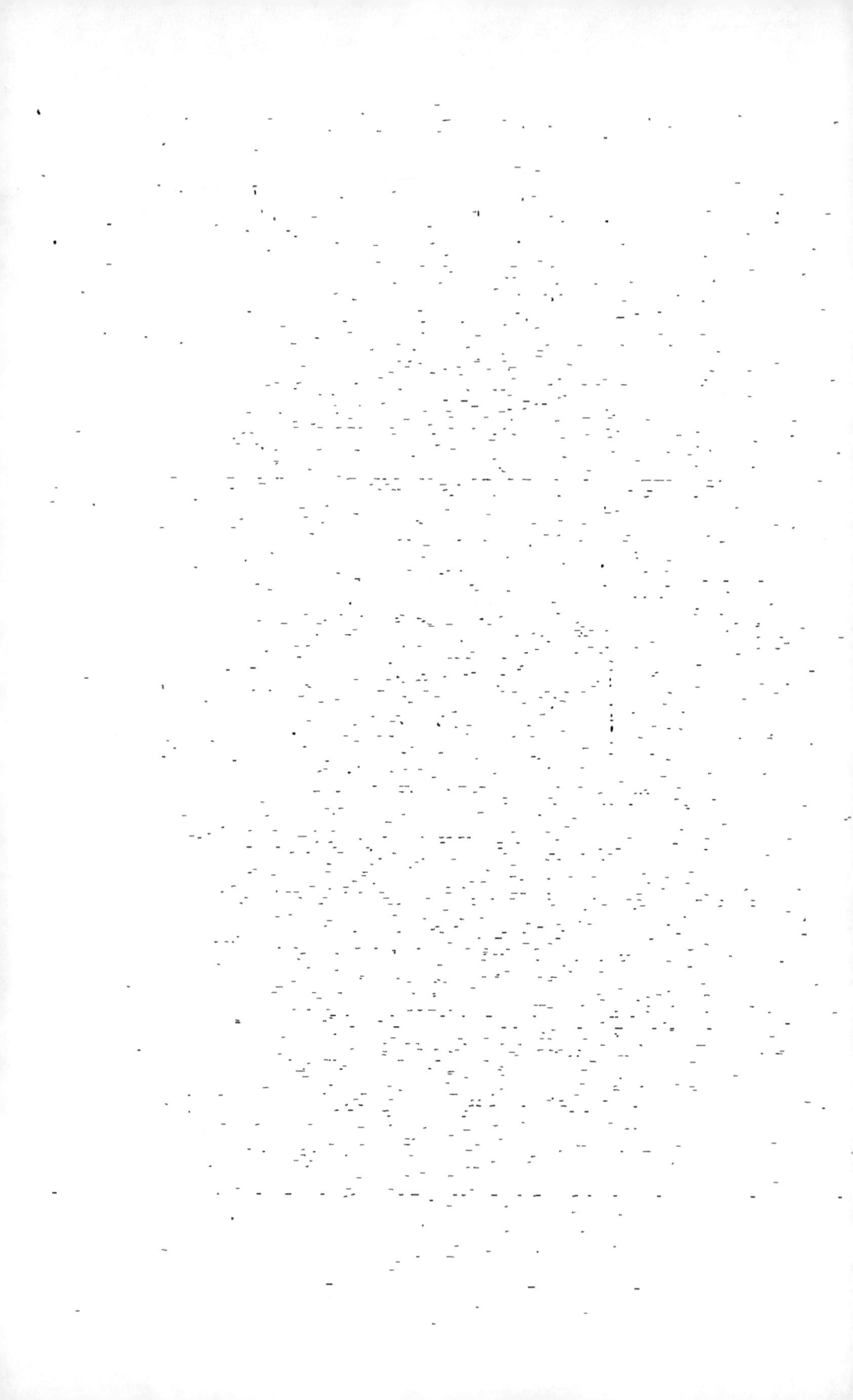

CHIROMANCIE

Voici, sans entrer dans les minutieux détails de la *Chiromancie*, les premiers éléments de ce genre de divination. — D'abord, en *Chiromancie*, la paume de la main est partagée en divers quartiers de façon à ce qu'on puisse distinguer clairement où se trouvent les signes et les lignes dont on parle ; ainsi les petites éminences qui sont placées sous chacun des doigts se nomment *Monts*; chaque mont prend le nom d'une planète de laquelle il reçoit une influence favorable ou néfaste. Le mont de *Jupiter* est celui qui se trouve sous l'index ; le mont de *Saturne* est sous le médium; le mont d'*Apollon* ou du *Soleil*, sous l'annulaire; le mont de *Mercure*, sous l'auriculaire ; le mont de *Mars* est la partie charnue de la main qui se trouve après le mont de *Mercure*; le mont de la *Lune* suit le précédent et descend vers le poignet; le mont de *Vénus* est formé de la racine du pouce et est cerclé par la ligne de vie ; enfin la plaine de *Mars* est ce qu'on appelle vulgairement le creux de la main.

Le développement excessif de ces monts accuse l'excès des passions, des vices ou des vertus que leur présence pronostique ; de même que s'ils sont peu saillants, ils expriment le contraire. Il en est de même pour les lignes ; plus elles sont longues et accusées, mieux elles permettent de pronostiquer à coup sûr.

Presque toute la connaissance de la main réside dans les trois grandes lignes principales que l'œil le moins exercé découvre à première vue dans la paume de la main, et qui, partant des environs de la naissance de l'index, traversent la main en formant une sorte de M.

La première de ces lignes, la plus rapprochée des doigts, se nomme la *ligne du cœur*, on dit aussi la *Mensale* ; la seconde, celle du milieu, s'appelle *ligne de tête* ou la *Naturelle* ; enfin la troisième qui contourne la base du pouce se nomme la *ligne de vie* ou la *Vitale*. — Ces trois lignes mères représentent donc la trinité de l'existence humaine : le cœur ou la sensation, la tête ou l'intelligence, la vie ou l'action.

Il existe, outre ces trois grandes lignes, d'autres lignes importantes ; çe sont :

La ligne de *Saturne* ou ligne *Saturnienne* qui coupe en quelque sorte le creux de la main en deux parties.

La ligne *hépatique* ou ligne *du foie.*

La ligne du *Soleil.*

La *Restreinte* ou *Rascette*, ligne tracée sur la jointure du poignet à la main.

La ligne appelée *Vénus,* qui enferme comme une île *Saturne* et *Apollon.*

Il y a aussi des signes qui modifient l'effet des monts et des lignes.

Voyons maintenant, en examinant la main toute couverte, ce qu'on peut y lire d'après les principes de la *Chiromancie.*

Les Monts.

Chaque mont prend le nom d'une planète.

L'influence de chaque astre, nous l'avons dit, donne le caractère, les défauts, les qualités du dieu de la Mythologie dont il porte le nom.

L'influence en est heureuse ou malheureuse selon que le mont est développé ou en creux.

Nous classerons nos explications en qualités, excès des monts, absence des monts.

Jupiter était le roi des dieux païens : Jupiter, très développé, se trouve chez tous les gens heureux, ou qui doivent le devenir.

Un signe particulier des Jupitériens, c'est qu'ils sont presque tous atteints de la calvitie ; c'est une des principales signatures de Jupiter. Examinez les gens constellés de décorations, ceux qui commandent dans les administrations; examinez les prélats en faveur; tous sont chauves.

Il indique aussi chez ceux qui le possèdent le goût des honneurs, l'amour de la nature et de la famille. Les Jupitériens sont très galants et peu constants; ils sont grands mangeurs, buveurs intrépides et se plaisent à donner des fêtes splendides, — car avant tout, leur idole, c'est l'orgueil.

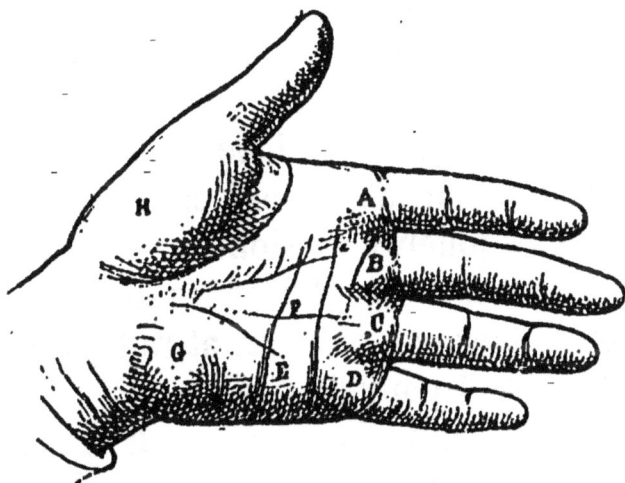

A. mont de Jupiter. — B. mont de Saturne. — C. mont d'Apollon ou du Soleil.— D. mont de Mercure.— E. mont de Mars. — F. plaine de Mars.— G. mont de la Lune.— H. mont de Vénus.

Par excès, il donne la superstition, l'orgueil excessif, l'amour de la domination, le désir de briller.

Son absence indique la paresse, l'égoïsme, l'irréligion, le manque d'ambition, de dignité, les tendances vulgaires.

Saturne est le roi déchu du ciel.

Le mont de Saturne se fait remarquer, soit par son importance, soit — s'il doit être fatal,

— par sa dépression et les signes nombreux
qui le couvrent.

Il est signe de prudence, de sagesse, de
prévoyance.

Les personnes influencées par Saturne, sont
par tempérament, indépendantes, taciturnes;
on ne les voit jamais rire.

Tous les ouvrages de patience sont exécutés
par ces personnes; c'est aussi parmi elles que
se trouvent les joueurs passionnés.

Le jeu, dont ils veulent fixer les hasards par
leurs combinaisons, offre un attrait qui flatte
leur goût naturel pour l'argent.

Par excès, il donne l'entêtement, la tristesse,
la désillusion, l'amour de la solitude, le froid
dans la vie, la religion rigide, le remords et
souvent le goût du suicide.

Par absence, malheur ou vie insignifiante.

Apollon est le dieu des arts. — Le mont
d'*Apollon* ou du *Soleil* donne le goût des
lettres et des arts, l'amour de tout ce qui
brille, des fêtes et des repas, du faste, de la
magnificence, de la richesse, de la gloire, de la
célébrité, du succès; il indique aussi l'intelligence, l'esprit. — L'homme réellement doué
par le soleil trouve par intuition, et souvent
sans études, — surtout dans les arts.

Par excès, il donne l'amour de l'or, de la dépense, de la célébrité à tout prix; il donne aussi la curiosité, l'entêtement dans l'insuccès, la fatuité, la légèreté, le bavardage, le sophisme et le paradoxe menteur.

Son absence indique une existence matérielle, l'insouciance dans les Arts, une vie nulle et monotone.

Mercure est le dieu du commerce et de l'éloquence. Il donne le goût de la science, l'aptitude commerciale, industrielle, l'invention, l'intelligence administrative, l'amour du travail, l'éloquence, l'esprit pratique et entendu aux affaires.

Par excès, il donne la ruse, le mensonge, l'agiotage effronté, le vol, l'ignorance prétentieuse.

L'absence du mont de *Mercure* indique le défaut d'aptitude pour tout ce qui est science et commerce; vie négative.

Mars est le dieu de la guerre. — Il y a dans la main, nous l'avons dit, le mont de Mars et la plaine de Mars. Le mont de Mars c'est la lutte de *résistance*; la plaine de Mars, c'est la lutte d'*action*. — Quand la nature donne à un mont un développement remarquable, on peut être sûr qu'elle donnera aussi l'occasion

d'exercer les qualités attachées à ce mont :
ainsi ceux qui ont le mont de Mars très fort
peuvent s'attendre à des luttes nombreuses et
énergiques. Le mont de *Mars* donne aussi le
courage, la résolution, le dévouement, la fierté,
la dignité, le calme, le sang-froid, la résigna-
tion, la domination de soi-même.

Par excès, *Mars* donne la brusquerie, la
colère, l'injustice, l'insolence, la violence, la
rixe, la cruauté, la soif du sang, l'insulte, le
défi.

L'absence de ce mont est preuve de lâcheté,
de puérilité, de manque de sang-froid.

La *Lune* est la chaste Diane, en *Chiromancie*
c'est aussi la mer, le type du caprice.

Le mont de la *Lune*, très développé, est
toujours signe d'une imagination très grande
venant en aide au goût dominant ; il donne
aussi l'amour de la rêverie, la chasteté et la
douceur.

Le mont de la *Lune*, peu développé et sans
rides, indique l'absence de tracas ; chargé de
rides, il indique au contraire l'inquiétude, le
caprice, la curiosité lascive, mais sans énergie
véritable vers les plaisirs sensuels.

Par excès, ce mont est signe de tristesse, il
donne les caprices, l'imagination déréglée, une

irritation incessante, des désespoirs sans cause, un mécontentement continuel, des désirs incessants, la superstition, le fanatisme, l'erreur; il donne les vapeurs et la migraine.

L'absence du mont indique le manque d'imagination, d'idées, de poésie, sécheresse, positivisme.

Vénus est la mère de l'amour. — Le mont de Vénus donne la grâce, les manières élégantes, l'affabilité, le goût des parfums, des fleurs, il donne aussi l'amour du beau extérieur, le besoin d'aimer, le désir de plaire, la bienveillance extrême, la charité, la tendresse; il porte aux plaisirs des sens. Toutefois le mont de Vénus, plus fort vers le haut, donne plutôt la charité; gonflé vers le bas, il porte davantage aux plaisirs matériels.

Le mont de Vénus moyen, mais lisse, est un signe de calme en amour; très rayé, il annonce plus de désirs que de puissance.

Le mont de Vénus, très développé, indique la puissance amoureuse et ôte à Saturne, lorsque celui-ci domine, beaucoup de sa tristesse. — Une croix sur le mont de Vénus est signe d'un amour unique; c'est rare !

Par excès, Vénus donne la débauche, l'effronterie, la licence, le dévergondage, la coquetterie, la vanité, l'esprit léger, l'inconstance et la paresse.

L'absence du mont indique froideur, égoïsme, manque d'énergie, de tendresse. Sans mont de Vénus toutes les autres passions sont sèches et égoïstes.

Si un mont est plus fort que tous les autres, tous ceux-ci rapportent leurs qualités au profit de ce seul mont dont ils deviennent en quelque sorte les sujets. Ainsi, si le mont de Jupiter, siège de l'ambition, est beaucoup plus apparent que tous les autres, il deviendra orgueil excessif, ambition démesurée et, absorbés par lui, les autres monts le serviront exclusivement, chacun à sa manière. Apollon donnera ce dont il dispose : les arts agréables, la séduction par les formes; Mercure, la ruse ou l'éloquence; Mars, l'audace; la Lune, l'imagination; Vénus, le désir de plaire.

En résumé, lorsque ces différents monts sont bien à leur place, bien unis, bien pleins, ils accusent les qualités qui appartiennent à la planète qu'ils représentent.

Si les monts sont peu saillants dans les mains, ils annoncent le manque de ces qualités; si les monts sont remplacés par une cavité, ils donnent des défauts qui correspondent aux qualités; s'ils sont hors de leur place, ils participent des défauts ou qualités des monts vers lesquels ils se dirigent.

Il est nécessaire d'avertir que, s'il y a plusieurs monts proéminents dans la main, ces monts se combinent ensemble et modifient le caractère selon la véhémence de chacun d'eux; car jamais la domination d'un type sur une personne n'est isolée.

Dès sa naissance on reçoit l'influence de plusieurs astres, comme on la reçoit de plusieurs tempéraments qui, eux aussi, ont leur correspondance dans le système astral. Ainsi :

Jupiter représente le tempérament sanguin.

Saturne, le tempérament mélancolique.

Mars, le tempérament bilieux.

La Lune, le tempérament lymphatique.

Mercure sera représenté par un composé de tempéraments bilieux et nerveux à la fois.

Quant au Soleil, c'est la perfection qui n'est jamais complète sur terre; aussi est-il regardé comme un type à part, un type de perfectionnement.

Il faut aussi tenir compte des lignes qui se trouvent quelquefois sur les monts et qui apportent, par leur présence, une influence bonne ou mauvaise.

Ainsi, le mont de Jupiter, uni et saillant, c'est : bonheur, vie aisée, calme, plaisir. Une ligne droite et nette sur ce mont, c'est réussite. Des raies indiquent une aspiration ambitieuse, susceptible de réussir.

Le mont de Saturne, uni, plein : destinée tranquille, sans peine ni plaisirs; avec une ligne bien droite : grand bonheur; avec une multitude de lignes : malheur.

Si une ligne venant de la *Mensale* tranche le mont de Saturne, elle dénote un homme continuellement soucieux, broyant du noir dans ses idées, se consumant d'ennui et qui, quoique se creusant la tête, ne s'enrichira jamais.

Le mont du Soleil est-il uni, tout uni : ce sont des joies intimes, c'est le bonheur intérieur, le calme dans la vie, mais sans gloire. Avec une ligne, c'est talent et gloire; avec deux lignes, si ces lignes se croisent, talent et chute.

Le mont de Mercure, plein, uni : intelligence, perspicacité; avec une ou deux lignes, chance de fortune; rayé fortement, mauvaise influence de Mercure, propension au vol.

Le mont de Mars uni, plein, c'est force de domination sur soi-même, sang-froid. Ce mont rayé fortement : disposition à l'emporte-ment.

Le mont de la Lune, sans rides, annonce une imagination calme ; avec une seule ligne, on est déjà tourmenté de pressentiments ; avec plusieurs lignes, on s'inquiète. Lorsque la Lune, par le développement extrême du mont et les raies qui s'y trouvent, indique qu'elle est planète principale d'un homme, et que les mains de cet homme sont dures, alors elle rendra son imagination agissante par le fait plutôt que par l'esprit, et elle le portera à des étourderies, à des coups de tête dangereux pour lui et pour les autres.

Le mont de Vénus, uni, presque sans lignes, annonce la chasteté, la froideur, le calme en amour, mais souvent aussi existence courte, la sève d'amour est aussi la sève de vie. Le mont de Vénus, sillonné de lignes, annonce tout le contraire, et plus les signes ou les raies sont nombreuses, profondes, colorées, plus les passions sont fortes et vives.

Si une ligne droite monte de Vénus vers Mercure, elle annonce amour et fortune. Les lignes et les signes au mont de Vénus indiquent toujours quelque chose qui se rapporte à l'amour.

Des lignes en travers sur les monts sont des obstacles. Le mont le mieux développé, s'il est coupé et comme biffé par une raie, indique qu'il y aura puissance, peut-être, mais insuccès.

La *Chiromancie* fait donc supposer que tout ce qui appartient à la vie humaine peut être rapporté aux signes célestes, c'est-à-dire aux planètes dont l'influence domine la destinée en façonnant non seulement les corps des hommes, mais aussi les esprits et les entendements.

L'organisme humain ne reste pas non plus indifférent en présence des influences terrestres; il faut faire observer la position et la place de l'horizon dans certaines circonstances.

Déjà à la fin du dernier siècle, le docteur Miander les prenait en considération dans son livre (Les maladies de développement) et disait:

« En considérant l'influence du courant
« polaire sur le fer, il est très vraisemblable
« que ce courant a une influence sur le sang
« imprégné de fer, et qu'il n'est pas indifférent
« pour un homme bien portant ou malade
« de demeurer des semaines et des années

« dans cette direction, soit dans le lit, soit de toute autre façon. »

Il serait à recommander principalement pour les maladies de nerfs et les affections de la tête, de faire des essais pour en arriver à découvrir si la position des lits au nord ou au sud aurait sur deux malades différents, mais atteints de la même maladie, une influence de guérison ou de recrudescence.

Pour les personnes naturellement somnambules, le docteur Reichenbach prétend qu'elles ne se trouvent tranquilles que la tête dans la direction du méridien magnétique.

Il cite une somnambule qui entrait dans des crampes nerveuses dès qu'on la plaçait la tête à l'ouest et les pieds à l'est.

Miander dit encore que dans le mal de dents, il y a, quant aux souffrances, une grande différence entre la position au nord ou au sud. Il est vrai qu'une personne atteinte du mal de dents, la figure tournée vers le nord, et touchant avec l'aimant dans cette direction la partie douloureuse, reçoit de ce toucher les résultats les plus favorables.

Nous avons connu un docteur qui croyait à ces mystérieux effets; il était même convaincu que l'orientation n'était pas étrangère aux dis-

cordes dans les ménages; comme expérience,
il avait fait établir un lit mobile et, à son dire,
selon la position, il rendait une femme calme
ou agitée.

Les Doigts.

Nous avons encore à indiquer la forme des doigts selon les données astrologiques.

Chaque doigt, en *Chiromancie*, prend comme les monts, le nom d'une planète, et en prenant son nom, il prend aussi les qualités attribuées à son influence.

L'index, c'est *Jupiter;* le grand doigt (médius), c'est *Saturne;* l'annulaire, c'est *Apollon* ou le *Soleil;* l'auriculaire, c'est *Mercure.*

Jupiter pointu nous donnera la contemplation de la nature; carré il donnera la recherche de la vérité basée sur la nature; spatulé, (cette forme est très rare), il annoncerait, surtout si la main était molle, le mysticisme exagéré.

Saturne. — Le doigt de *Saturne* est rarement pointu. *Saturne* est triste, mais s'il est pointu, son influence mélancolique sera diminuée; si le doigt est large et enflé à la phalange onglée, il nous indiquera la tristesse, le dégoût de la vie.

Le doigt d'*Apollon,* pointu, c'est l'art apte à recevoir des intuitions; si les autres doigts s'y opposent, c'est la légèreté, le bavardage ; carré, c'est l'art positif ; spatulé, c'est le mouvement dans l'art, la peinture des batailles, le mouvement dans les idées.

Mercure. — Quand l'auriculaire est pointu, c'est aptitude à comprendre les sciences mystiques ; carré, c'est la raison dans la science ; spatulé, c'est le mouvement dans la science. Le doigt *Mercure* avec un nœud à la première phalange indique le savant, le chercheur.

A la signification des formes et de la longueur des doigts, il faut ajouter le dire des anciens chiromanciens et, avec eux, celui des médecins, Hippocrate en tête. Ils ont prétendu que le doigt de *Jupiter* était en sympathie avec le foie ; le grand doigt *Saturne* avec la rate ; l'annulaire avec le cœur ; l'auriculaire ou petit doigt, avec toute la tête.

Cureau de Lachambre dit à propos de la sympathie du doigt annulaire avec le cœur : « C'est une chose merveilleuse que, lorsque la goutte tombe sur les mains, ce doigt est toujours le dernier attaqué », et Leninus rapporte qu'en tous ceux qu'il a vus travaillés de ce mal, le troisième doigt de la main gauche s'est toujours trouvé libre pendant que les autres étaient

cruellement affligés d'inflammation et de dou-
leur. Il en conclut que ce doigt renferme plus
de chaleur naturelle que les autres et que, par
conséquent, il est en communication plus
directe avec le cœur, qui est le principe de
cette chaleur.

Revenons maintenant aux lignes que nous
avons indiquées.

Les Lignes.

Nous avons vu les monts donner aux hommes des qualités diverses selon leur développement plus ou moins accentué. Il en sera de même des lignes ; les qualités qu'elles apporteront seront en rapport avec le plus ou le moins de perfection de leurs formes, avec leur parcours plus ou moins favorable.

En général, plus les lignes sont nettes et bien tracées, plus elles sont favorables à l'esprit, au cœur, à la santé. Pâles et larges, elles annoncent le défaut ou, si l'on veut, l'opposé de la qualité attribuée à ces lignes.

Ligne du cœur ou Mensale. — C'est la première ligne posée horizontalement au sommet de la paume, c'est elle qui court au pied des monts. Lorsqu'elle est bien nette, bien colorée dans toute sa longueur, elle signifie bon cœur, affection forte et heureuse. D'après la longueur plus ou moins grande de la ligne du cœur, vous jugerez de la force ou de l'attache-

ment. Si elle manque par le haut ou ne commence qu'à la hauteur du mont de *Saturne*, on
aimera plus sensuellement que de cœur, l'on
pourra s'attacher, mais seulement à cause des
plaisirs sensuels. Si la ligne part de *Jupiter* et
arrive jusqu'à *Mercure*, on n'aimera que de
cœur. Le haut de la ligne, du côté de *Jupiter*,
c'est l'amour idéal; le bas, c'est l'amour par la

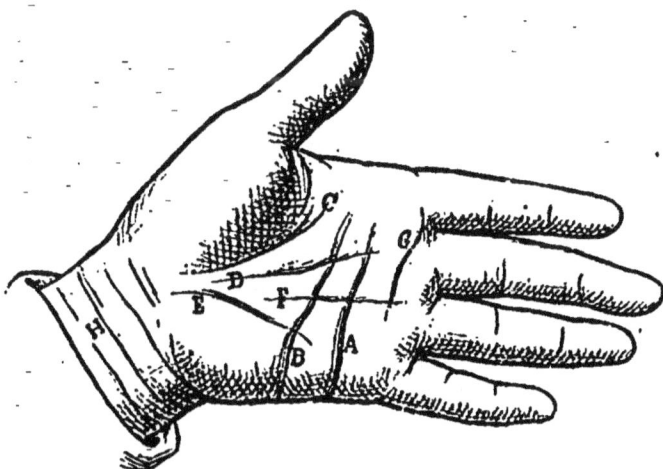

A. ligne du cœur. — B. ligne de tête. — C. ligne de vie. —
D. ligne de Saturne. — E. ligne hépatique ou ligne du foie. —
F. ligne du Soleil. — H. la Restreinte ou Rascette. — G. l'an-
neau de Vénus.

chair. — Si cette ligne se brise sous *Saturne*,
c'est fatalité; entre *Saturne* et le *Soleil*, c'est
sottise; sous le *Soleil*, c'est fatuité, orgueil,

entre le *Soleil* et *Mercure*, bêtise et avarice; sur *Mercure*, avarice et ignorance, incapacité. (Trad.)

Si la ligne du cœur est faite en chaîne ou hérissée de petites lignes qui suivent son cours, c'est inconstance en amour, amourettes nombreuses. Si elle s'unit entre le pouce et l'index avec la ligne de tête et la ligne de vie, c'est un signe funeste; présage d'une mort violente si le signe se trouve dans les deux mains; c'est la tête et le cœur qui se laissent entraîner par la vie, l'instinct. Si, dans tout son parcours, cette ligne se courbe vers la ligne de tête qui s'étend au dessous d'elle, c'est un signe de mauvais instincts, c'est le cœur mené par la tête; si elle se joint au-dessous du doigt de Saturne, c'est-à-dire dans sa direction, c'est signe de mort violente : Saturne est la fatalité.

On voit souvent des lignes de cœur qui barrent la main tout entière; elles partent en quelque sorte du dos de la main au-dessous de Jupiter et vont au delà de Mercure, à la percussion. Ces grandes lignes annoncent trop de tendresse, excès et par conséquent désordre dans les affections; ces mains, avec un mont de la Lune très sillonné, donneront une affection trop vive et par suite la jalousie.

Si la ligne du cœur se divise en deux branches dont l'une s'élève vers Saturne et l'autre descend vers la ligne de tête, c'est un signe qu'il y a deux manières de sentir et qu'elles sont fatales l'une et l'autre. L'homme qui a ces lignes marquées dans sa main se trompera souvent et éprouvera des pertes nombreuses.

Cette même ligne brisée en plusieurs fragments indique des inconstances en amour et en amitié; traversée par des lignes autres que les lignes principales, on doit s'attendre à autant de déceptions et de malheurs en affection qu'il s'y trouvera de coupures. Une coupure sur la ligne du cœur est toujours un très mauvais signe, car elle annonce une souffrance morale. Si la ligne du cœur est coupée par une ligne partie de la ligne de vie et se dirigeant vers le médius, c'est danger en couches pour les femmes; pour les deux sexes c'est également menace de mort subite, si cette ligne se trouve dans les deux mains. (Tr.)

Les rameaux au commencement et à la fin de la ligne du cœur désignent amour et bonté. La ligne nue et sans rameaux, surtout si elle est courte, est signe de sécheresse de cœur et pauvreté. Si la ligne du cœur commence sous le mont de Saturne, brusquement et sans rameaux, c'est là un fort mauvais augure. On devra craindre une mort violente.

Lorsqu'à son point de départ la ligne du cœur tourne autour de l'index en forme de bague et s'y termine intérieurement en épis, c'est (ce que les Chiromanciens appellent l'anneau de Salomon), le signe de l'initiation aux sciences occultes.

Une ligne du cœur, pâle, suppose un manque de force et de vie; pâle et large, débauche froide, manque de cœur, homme blasé; courte et sans rameaux, égoïsme.

Une ligne du cœur d'un rouge vif signifie amour ardent jusqu'à la violence. (Tr.)

S'il se trouve des points blancs sur la ligne mensale, ils indiquent des conquêtes amoureuses. (Tr.) — Des points rouges annoncent autant de blessures, soit physiques, soit morales. Une main sans ligne de cœur donne des dispositions à l'apoplexie; c'est, en tous cas, un signe défavorable, presque fatal.

Ligne de tête ou naturelle. — Cette ligne prend naissance entre le pouce et l'index; elle est ordinairement réunie à son départ à la ligne de vie.

La ligne de tête droite, longue, bien colorée, dénote un jugement sain, un esprit lucide et une ferme volonté, si elle s'avance vers le mont de Mars ; si, au contraire, la ligne de tête descend du côté du mont de la Lune, elle indique un esprit plus frivole et plus enclin au romanesque ; si elle s'incline profondément de ce côté, elle est un indice certain de folie mystique. Si cette même ligne descend jusqu'au bas du mont de la Lune, c'est pauvreté et danger de mort par submersion.

La ligne de tête très longue et droite, c'est avarice ou au moins économie extrême, parce que c'est excès de raison, excès de calcul ; longue, mince, peu apparente, c'est infidélité, mauvaise foi, esprit léger. (Tr.) — Sa longueur et sa largeur excessives sont des signes de colère et de violence.

Lorsque la ligne de tête ne s'avance que jusqu'au milieu de la main, elle annonce des idées de peu de portée, de la faiblesse de volonté, de l'indécision, et souvent un manque d'esprit. Si elle s'arrête dans la plaine de Mars, à la hauteur du mont de Saturne, c'est pronostic de mort violente ou vie courte.

La ligne de tête pâle et large indique le défaut d'intelligence, le manque d'initiative.

Une ligne de tête bifurquée à la fin, continuant directement par une branche et descen-

dant vers le mont de la Lune par l'autre branche, indique des tendances à la vérité et des
laisser-aller vers l'erreur; le sujet est porté à se
tromper et à tromper les autres. Il est dans la
position de l'homme qui subit la perte éternelle
ou momentanée de la raison, il n'y a de différence que la durée; de même que celui dont
le désespoir tourne la tête pour quelques heu-
res, quelques minutes, est tout aussi complètement fou pendant son agitation que celui qui
délire pendant beaucoup d'années. De même
aussi, pourrions nous ajouter, que dans le
simple vertige épileptique, la perte de connaissance est tout aussi complète que dans une
attaque plus ou moins prolongée.

Une ligne de tête qui remonte et va se
joindre à la ligne du cœur et s'y perdre, annonce
un homme qui laissera dominer sa raison par
l'amour; si cette ligne de tête est fourchue et
que la seconde branche descende vers le mont
de la Lune, c'est un indice que l'homme s'abuse
en sacrifiant tout à une affection.

La ligne de tête se rapprochant par trop de
la ligne du cœur est signe de palpitations et
syncopes; finissant au milieu du mont de
Saturne et grosse à la fin, sans rameaux, elle
est un indice de coup à la tête, suivi de mort.

La ligne de tête faite en chaîne indique le défaut de fixité dans les idées.

Lorsqu'une ligne de tête est brisée en deux morceaux dans une main, c'est une menace de folie par suite d'une passion quelconque contrariée; si elle est brisée en deux tronçons superposés sous le mont de *Saturne*, c'est blessure mortelle à la tête ou tête brisée par accident. Toutefois une ligne brisée, ou toute autre menace de ce genre, n'est fatalement mauvaise que lorsqu'elle se trouve répétée dans les deux mains; dans le cas contraire, une main corrige presque toujours la funeste influence de l'autre.

Plusieurs petites lignes sur la ligne de tête sont des signes de migraines fréquentes ou de maux de tête presque continuels.

Une croix au milieu de la ligne de tête suppose une blessure mortelle.

Si la ligne de tête est accompagnée d'une sœur (double ligne) qui la suit dans tout son parcours, elle constitue une marque certaine de nombreuses successions dans le cours de l'existence.

Enfin si la ligne de tête fait défaut, c'est-à-dire si elle est confondue avec la ligne de vie, c'est un des plus mauvais signes qui se rencontrent dans la main : cela signifie qu'on peut être mortellement blessé. Quoiqu'il en soit, on ne réussira à rien, ni souhaits, ni désirs ne s'accomplissant.

Ligne de vie ou *ligne vitale*. — C'est celle qui joue le plus grand rôle dans la Chiromancie.

Par l'inspection de la ligne de vie on peut connaître la durée de la vie humaine et en prévoir les accidents.

Il faut, pour arriver à ce résultat, la considérer attentivement dans sa situation, sa forme, sa continuité, son étendue, sa grosseur, sa profondeur, sa couleur, en un mot dans toutes les qualités ou imperfections qu'elle peut présenter.

Cette ligne longue, bien formée et légèrement colorée, entourant complètement le mont du pouce, est l'annonce d'une longue et heureuse vie; pâle et large, elle indique des instincts méchants, une mauvaise santé; courte, c'est une vie de peu de durée; rompue dans une main et faible dans l'autre, c'est maladie grave; rompue dans les deux mains, c'est mort.

Si la ligne de vie se réunit avec la ligne du cœur et la ligne de tête, c'est un signe de malheur et presque toujours de mort violente.

Lorsque la vitale ne se joint pas avec la ligne de tête et qu'il existe un grand espace entre les deux lignes, elle signifie sottise, envie, mensonge, c'est la vie qui accomplit son cours sans être éclairée par l'intelligence.

La ligne de vie, longue, mais très mince, c'est mélancolie, mauvaise santé; si elle est mal colorée, mal formée et entrecoupée de petites lignes, c'est vie courte ou infirmités; faite en chaîne, vie pénible, maladive; inégale, elle suppose humeur inégale; grosse partout, le caractère sera enclin à la colère; creusée profondément, ce sera la brusquerie allant jusqu'à la brutalité.

Une multitude de petites lignes sur la ligne de vie fait supposer des indispositions peu graves, mais nombreuses, des rides, des maladies.

La ligne de vie discontinue indique des infirmités naturelles.

Un point profond sur la vitale est signe de mort violente; une croix, d'infirmité mortelle; un rond, perte d'un œil. (Tr.)

La ligne de vie envoyant des rameaux vers le milieu de la ligne de tête prédit honneurs et richesse; si ces rameaux s'étendent sur la plaine de *Mars*, richesses et honneurs après de longues épreuves ; mais si les rameaux vont vers le bas, c'est déchéance, perte de santé.

Les plus belles lignes ont des rameaux en haut et en bas.

Si la ligne de vie est double, elle dénote luxe d'existence.

Les anciens cabalistes partageaient la ligne vitale en dix compartiments représentant chacun un intervalle de dix années. Ils vous annonçaient ainsi à quelles époques devaient arriver les maladies, les blessures, la durée de la vie, en examinant dans quelles cases les signes qui les représentent se trouvaient placés.

Ligne de Saturne ou *ligne Saturnienne*. — C'est celle de de la destinée ou fatalité.

La *Saturnienne* a, nous avons dit, quatre points de départ : sur la ligne de vie, sur la plaine de *Mars*, sur la rascette, sur le mont de la *Lune*.

Dans le premier cas, elle participe des qualités de la vie, et, selon qu'elle est nette ou brisée, large, profonde ou à peine esquissée, elle promet une vie heureuse ou tourmentée.

Dans le second cas, lorsqu'elle part de la plaine de *Mars* (la lutte), elle annonce une vie pénible, et cela d'autant plus qu'elle pénètre plus avant dans le doigt du milieu.

Lorsqu'elle part de la rascette et monte en ligne droite au mont de Saturne, ainsi tracée, elle donne les chances les plus favorables. Toutefois, si elle pénètre assez avant dans la racine du doigt, c'est une fatalité excessive, une grande destinée en bien ou en mal.

Si elle part du mont de la *Lune* pour aller se rendre directement à *Saturne*, c'est bonheur parti d'un caprice (la *Lune* étant le caprice), et, par conséquent, d'une protection de femme ou d'homme, selon le sexe.

Si la *Saturnienne* part du bas de la main, et qu'elle s'arrête brusquement à la *Ligne du cœur*, c'est un bonheur brisé par une affection ou maladie de cœur; si elle s'arrête à la ligne de tête, c'est une chance arrêtée par une affaire de tête, ou bien une maladie du cerveau.

Si la *Saturnienne* est brisée, coupée, rattachée à chaque instant, c'est une vie dont les chances arrivent par saccades et non de durée; si cette ligne se brise en passant dans la plaine de *Mars*, et si elle est coupée et rattachée en cet endroit, on doit s'attendre à des luttes, soit physiques, soit morales; si elle se contourne en forme de vis dans le bas et que le haut en soit droit et pur, c'est un grand malheur suivi de fortune; droite et colorée à la fin, elle annonce le bonheur dans la vieillesse, coupée et tordue, elle suppose le malheur après une vie heureuse.

La *Saturnienne* peut conserver son nom et ses influences sans se diriger spécialement vers le mont de *Saturne;* sa direction vers tel ou tel mont modifie les genres de bonheur qu'elle peut donner. Si elle se dirige vers *Jupiter,* c'est bonheur obtenu par l'ambition ou satisfaction d'orgueil; vers *Apollon,* c'est bonheur obtenu par les Arts ou par la richesse, selon celui des trois mondes où vit l'homme qui a le signe dans la main.

Si la *Saturnienne* se dirige vers *Mercure,* c'est réussite par le commerce, la science ou l'éloquence. S'il se trouve à l'extrémité de ladite ligne une croix et une fourche à la hauteur du mont de *Saturne,* c'est un signe évident de persécution. La bonne influence de la Ligne *Saturnienne* est toujours subordonnée à la pureté et à la rectitude de son point de départ à l'arrivée au mont.

Il y a des mains qui n'ont pas de Saturnienne, c'est alors le signe d'une existence insignifiante.

La Saturnienne augmente de beaucoup la sensibilité nerveuse, aussi les peuples qui vivent dans les contrées où la vie est pénible, n'ont pas de Saturnienne, afin d'être moins sensibles aux souffrances et aux privations imposées par le climat.

Chez nous, les gens de la classe inférieure qui exercent des professions très pénibles, n'ont jamais de saturnienne.

Il y a des gens qui sont fatalement heureux; il y en a d'autres dont le bonheur ne vient se former qu'après coup, comme aussi les organes du crâne diminuent ou s'augmentent selon l'exercice plus ou moins grand des facultés qu'ils représentent. De même la beauté, la distinction native s'effacent par la débauche et prennent un cachet vulgaire; la laideur s'embellit par l'expression de l'intelligence ou par l'habitude seule d'un travail intellectuel. Or, si les mains qui contiennent la destinée peuvent se modifier par le développement intellectuel et moral, la destinée doit nécessairement se modifier aussi et n'est pas irrévocable.

« Si tu veux savoir, disait un italien à Catherine de Médicis, si tu veux savoir ce que tu dois faire, regarde les astres. Quand le soleil est dans les lignes de l'Orient, tu seras prospère en ta famille, tu vivras sans mal, ton sommeil sera léger; si tu te tournes vers

2*

l'Orient, si tu agis en dirigeant toutes tes actions de ce côté. »

Ligne hépatique ou ligne du foie. — Cette ligne part de la rascette, près la ligne de vie; quelquefois elle commence à la plaine de *Mars* et va directement au mont de *Mercure.* Elle annonce une santé florissante, un sang riche, de l'harmonie dans les fluides, ou des dispositions contraires selon qu'elle est plus ou moins marquée et colorée. Si elle est bien colorée elle signifie joie, bonté, esprit jovial et subtil; rompue et rouge : colère, maladies bilieuses. Si elle est entrecoupée, discontinue, brisée, c'est maladie d'estomac, digestion pénible.

Mais le signe le plus remarquable de la ligne hépatique, c'est qu'elle se trouve toujours dans la main des gens qui parviennent à l'extrême vieillesse; elle répare les défectuosités de la ligne de vie, et est en général le signe le plus favorable à la longévité.

Ligne du Soleil. — Elle part, ou de la ligne de vie, ou du mont de la *Lune* et va tracer un sillon dans le mont d'*Apollon* ou du *Soleil.* Si elle est droite, bien creuse, bien nette, elle annonce la gloire, la célébrité, l'amour de l'art, la richesse et la faveur.

Si la ligne du *Soleil* est traversée par des

lignes qui la barrent, c'est signe d'obstacles à la gloire élevés par l'envie.

Si la ligne du *Soleil* fait défaut, quelque peine qu'un homme puisse prendre, il ne parviendra jamais aux honneurs ni aux dignités.

La Restreinte ou Rascette. — La Rascette est une ligne tracée sur la jointure du poignet à la main (le carpe), elle forme comme une espèce de bracelet, elle est souvent double ou triple.

Ces lignes, en *Chiromancie,* indiquent chacune trente années d'existence.

Trois belles lignes unies forment ce que l'on appelle le bracelet royal ou triple bracelet magique. Elles annoncent santé, vie longue et fortunée.

Si les lignes de la rascette sont en forme de chaîne continue, elles supposent une vie laborieuse.

Si la rascette est courte et continue, elle annonce malheur et pauvreté.

Si ces lignes sont très éloignées les unes des autres, elles seront le présage de longs voyages.

Anneau de Vénus. — L'Anneau de Vénus est une ligne qui prend naissance entre *Jupiter* et *Saturne,* et va, en formant un demi-cercle,

se perdre entre l'annulaire et l'auriculaire;
il indique l'amour effréné des plaisirs et de la
débauche. L'anneau de *Vénus* brisé est un
signe de débauches froides et infâmes; quand
il est double ou triple, il annonce des débauches
plus horribles encore.

Quelquefois l'anneau de *Vénus*, au lieu de
se fermer en remontant entre l'annulaire et
l'auriculaire, vient se perdre sur le mont de
Mercure et reste ouvert; alors la science et le
travail viennent combattre et annuler ces terri-
bles instincts de la luxure. Mais si, au contraire,
l'anneau de *Vénus* s'étend de l'index à l'auriculaire, il suppose la personne adonnée à toutes
sortes d'impuretés et de mensonges; davantage
encore s'il se trouve dans les deux mains.

Cependant l'empirisme de chaque jour, dit
M. Debarrolles, m'a appris que l'anneau de
Vénus donne, avant toutes choses, une surexcitation nerveuse excessive, et souvent même,
chez les femmes, annonce aptitude aux défail-
lances, aux attaques de nerfs, et peut aller
jusqu'à l'hystérie. Il est évident que si cette
surexcitation nerveuse se rencontre dans une
main très sensible, il y aura de fortes tendances
aux excès de toutes sortes dans les influences
de *Vénus*.

Mais chez une personne bien douée, l'influence de l'anneau de *Vénus* peut être complètement dominée par la raison, et en ce cas,
donner, comme toutes les surexcitations répri-
mées, une sensitivité plus active, une intelligence plus grande.

A ces divers signes il faut encore joindre les
lignes qui se trouvent tracées en travers sur la
percussion de la main, à la hauteur du mont
de *Mercure*, c'est-à-dire entre la racine de l'auriculaire et la ligne du cœur ; ces lignes annoncent le nombre des liaisons que l'on doit former
dans la vie et qui ressemblent à des mariages
par leur durée.

A la même place, mais en long dans la
direction du doigt auriculaire, des lignes donnent le nombre des enfants que l'on a eus ou
que l'on doit avoir. Si ces lignes sont bien
droites, bien longues, bien dessinées, ce sont
des garçons ; si ce sont des filles, les lignes sont
tortueuses ; les lignes qui sont faibles, courtes,
et un peu effacées indiquent la quantité d'enfants qui ne doivent pas vivre ou qui n'ont pas
encore vécu. (Trad. un peu risquée.)

En général, toutes les lignes droites et bien
colorées annoncent une bonne complexion et

sont favorables, mais lors même que les lignes sont favorables et bien tracées, si les monts sont faibles et peu apparents, surtout s'ils rentrent en dedans, leur influence est diminuée et souvent sans force.

Les personnes dont les mains sont couvertes de petites lignes s'agitent sans cesse, même quand tout est calme autour d'elles ; elles indiquent toujours une grande irritabilité, souvent une grande intelligence.

Les lignes allant en haut sur les lignes principales sont bonnes et avantageuses pour la ligne qu'elles accompagnent ; les lignes qui descendent en partant des lignes principales sont des branches mortes, elles apportent une mauvaise influence.

SIGNES

QUI MODIFIENT L'EFFET DES MONTS ET DES LIGNES

———>•‹———

Étoiles, Points, Ronds, Croix, Rameaux, Chaînes, Lignes capillaires, Grilles.

L'Étoile qui existe ordinairement, soit sur les monts, soit sur les lignes, indique presque toujours un événement en dehors de notre libre arbitre, fatalité inévitable.

Une étoile sur *Jupiter* est toujours un signe très favorable, surtout si le mont est développé.

Une étoile sur le mont de *Saturne*, au contraire, est une grande fatalité, souvent une mort déshonorante. S'il se trouve en même temps une étoile sur la 3ᵉ phalange du même doigt, le signe est plus fatal encore.

Une étoile sur le mont du *Soleil* ou d'*Apollon*, c'est célébrité donnée par le hasard, mais souvent richesses malheureuses.

Une étoile sur le mont de *Mercure* est un

mauvais signe : c'est fourberie et souvent vol ;
sur le mont de *Mars*, c'est meurtre.

Une étoile sur le mont de la *Lune* : hypocrisie, trahison, dissimulation, personne à éviter ;
c'est aussi malheur causé par l'imagination,
danger de submersion.

Une étoile sur le mont de *Vénus* : malheur
causé par les femmes.

Une étoile sur la troisième phalange du doigt
Jupiter d'une femme, c'est impudeur, lasciveté ;
sous la troisième phalange du doigt *Mercure*,
c'est esprit et éloquence.

Une étoile sur le bout du doigt *Jupiter* annonce
un événement extraordinaire en bien ; sur
Saturne, en mal.

Le *point* est un signe de blessure, de folie,
ou de découverte scientifique.

Un point sur la ligne du cœur indique toujours un grand chagrin d'affection.

Un point sur la dite ligne, sous le doigt
d'*Apollon*, est signe d'un chagrin causé par
une passion fatale, pouvant nuire au succès
dans l'art. Sous *Mercure*, c'est un chagrin
pouvant nuire aux intérêts ou au commerce.

Un point blanc dans la ligne du cœur est
l'indice de conquêtes amoureuses ; des points

rouges supposent autant de blessures au cœur, soit physiques, soit morales.

Un point sur la ligne de tête annonce une attaque de folie ; un point blanc est signe de découvertes scientifiques ou autres ; des points rouges sur cette ligne indiquent des blessures à la tête.

Un point profond sur la ligne de vie est le pronostic d'une mort violente.

Un rond sur les monts est une auréole : il annonce gloire et succès, surtout s'il est placé sur le mont du *Soleil*, mais dans les lignes il devient un signe mauvais. Un rond dans la ligne de vie, comme aussi dans la ligne de tête, c'est perte d'un œil, deux ronds, c'est perte des deux yeux. (Tr.)

Un rond sur le doigt *Mercure* se rencontre chez les gens portés au vol, mais qui s'en abstiennent.

Une croix est un signe généralement peu favorable, excepté lorsqu'elle est bien faite et que les bras qui la forment sont d'égale grandeur ; elle est surtout mauvaise lorsqu'elle est mal faite, inégale ou mal formée.

Une croix sur le mont de *Jupiter*, c'est mariage d'amour, souvent mariage heureux.

Une croix sur le mont de *Saturne*, c'est disposition au mysticisme; si elle est très distincte et très creuse, c'est superstition. (Ce signe ne trompe jamais.)

Une croix sur le mont d'*Apollon*, c'est essor arrêté dans les arts ou dans la richesse.

Une croix sur le mont de *Mercure*, c'est disposition au vol ou à l'indélicatesse.

Une croix dans la plaine de *Mars* annonce un homme batailleur, ardent à la rixe, un caractère dangereux.

Une croix sur le mont de la *Lune* fait deviner un menteur ou un homme qui s'abuse sur lui-même; si la croix est petite, elle est signe aussi de mysticisme, de rêverie religieuse. Si elle se trouve dans les deux mains, c'est folie déterminée par le mont le plus développé de la main.

Une croix sur le mont de *Vénus*, c'est amour unique et fatal.

Une croix entre la ligne du cœur et la ligne de tête, c'est mysticisme, religion, souvent même superstition; c'est aussi aptitude aux sciences occultes.

Si une croix se forme au milieu de la ligne de tête, c'est mort prochaine ou blessure mortelle.

Une croix sur la ligne de vie, c'est infirmité mortelle, au milieu de la restreinte, c'est une vie destinée au travail, mais embellie à la fin par un gain inattendu.

Une croix dans le bas de la main, près la ligne de vie, indique un changement de position.

Une croix dans la ligne du *Soleil*, c'est une opposition à la fortune.

Si sur la ligne Saturnienne il y a une croix à la hauteur du mont de Saturne, c'est un signe qui annonce un très grand malheur, avec prison et péril de la vie. (Tr.)

Une croix sur le doigt de *Jupiter*, à la seconde phalange, annonce l'amitié des grands et des chefs.

Une croix sur le doigt de *Saturne*, dans la troisième phalange et chez la femme, est un signe de stérilité. (Tr.)

Deux lignes en croix sur le doigt de *Mercure*, dans la troisième phalange, dénotent un menteur, un voleur commettant toutes sortes de fraudes.

Les *rameaux* se trouvent au commencement et à la fin des lignes. Ceux qui vont en montant sont les seuls favorables, ils accusent l'exubérance dans les qualités qui sont du domaine de la ligne où elles se trouvent.

Sur la ligne de cœur : cœur chaud, dévoué ; sur la ligne de tête : intelligence.

Sur la ligne de vie : exubérance de vigueur et de santé.

Sur la Saturnienne : bonheur complet.

Les *chaînes* sur les lignes indiquent contrariétés, obstacles, luttes, enchaînements du bonheur.

Les lignes capillaires, c'est-à-dire plusieurs lignes déliées n'en formant qu'une par leur union, sont un empêchement, par l'excès même de la sève, dans la qualité ; elles s'éparpillent en trop de branches pour en faire une force.

Lorsqu'il y a beaucoup de ces lignes sur un mont, c'est surtout abondance dans la qualité, de manière à gêner son action et la rendre impuissante.

Les Grilles sont des indices d'obstacles, de malheurs, d'accidents.

Ainsi, des grilles sur le mont de *Jupiter*, sont : enchaînement complet des qualités apportées par ce mont ; sur le mont de *Saturne*, malheur ; sur le mont du *Soleil*, folie, vanité, désir de fausse gloire, bavardage ; sur le mont de *Mercure*, penchant au vol, ruse ; sur le mont de *Mars*, mort violente ; sur le mont de la *Lune*, tristesse, inquiétude, imagination portée à n'envisager que le côté chagrin des choses ; sur le mont de *Vénus*, c'est surexcitation de la planète dans son côté matériel ; lorsque l'anneau de *Vénus* se trouve accompagné de grilles sur *Vénus*, c'est une tendance très violente vers les excès de la débauche.

Tous ces divers signes s'enchaînent et se complètent les uns par les autres, et l'interprétation de leurs combinaisons souvent contradictoires constitue l'art de la *Chiromancie*.

Nous dirons un mot sur la *Métoposcopie*, puis nous chercherons à combiner ensemble la *Chiromancie* et la *Chirognomonie* qui se prêtent un mutuel concours.

MÉTOPOSCOPIE

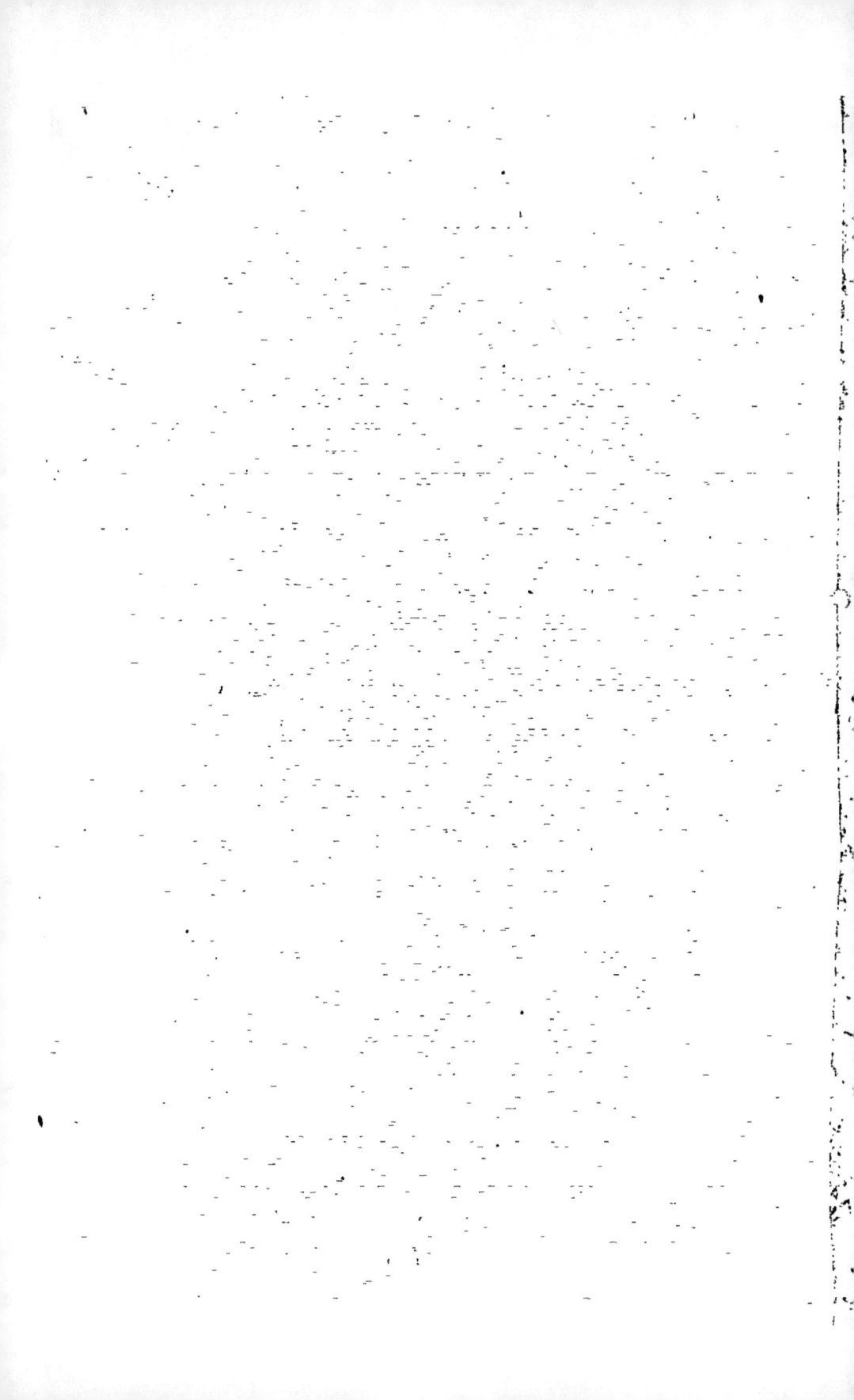

MÉTOPOSCOPIE

De même qu'on a cherché à lire la destinée dans les rides de la main, on a aussi voulu le faire au moyen de celles du front.

C'est cet art qu'on a appelé *Métoposcopie* ou divination par l'inspection des sept lignes du front, et à chacune desquelles préside une planète. On appelle aussi *Métopomanie* l'art de connaître le caractère d'une personne par l'inspection de ses traits et particulièrement des rides du front.

« Le front, dit Cardan, est de toutes les parties du visage la plus importante et la plus caractéristique ; un physionomiste habile peut, d'après l'inspection du front seul, deviner les moindres nuances du caractère.

En général, un front très élevé, avec un visage long et un menton pointu, est l'indice d'une intelligence complètement nulle.

2**

Un front très osseux annonce un naturel opiniâtre et querelleur; si ce front est très charnu, il accuse un caractère grossier.

Un front carré, large, avec un œil franc, sans effronterie, indique du courage avec de la sagesse.

Un front arrondi et saillant par en haut, descendant ensuite perpendiculairement sur l'œil, annonce du jugement, de la mémoire, de la vivacité, mais un cœur froid.

Un esprit faible et soupçonneux se devine aux rides obliques du front. Dans le cas où elles sont presque droites, régulières, peu profondes, elles promettent du jugement, de la sagesse, de la probité, un esprit droit.

Un front qui aurait beaucoup de rides sur la partie supérieure et qui, dans le bas, en serait complètement dépourvu, serait une marque certaine de stupidité.

Les rides ne se prononcent ordinairement qu'avec l'âge, mais, avant de paraître, elles existent dans la conformation du front, et le travail suffit parfois pour les rendre visibles, même dans l'âge tendre.

Il y a au front sept rides ou lignes principales qui le traversent d'une tempe à l'autre. — La planète de *Saturne* préside la première, c'est-à-dire celle placée à la plus haute partie ; *Jupiter* préside à la deuxième ; *Mars* préside à la troisième ; le *Soleil* à la quatrième ; *Vénus* à la cinquième ; *Mercure* à la sixième ; la *Lune* à la septième qui est la plus voisine des sourcils.

Quand la ligne de *Saturne* n'est point marquée, on doit s'attendre à de grands malheurs qui seront l'effet de l'imprudence. Si elle se brise au milieu du front, cela promet une vie agitée ; fortement accusée, elle annonce une mémoire heureuse, une grande patience et, comme résultat, le bonheur et la fortune.

On reconnaît un esprit médiocre et inconséquent à la ride de *Jupiter* légèrement imprimée ; si, au contraire, l'empreinte en est profonde, on peut compter sur les honneurs et la fortune.

La ligne de *Mars* brisée promet un caractère inégal ; à peine visible, elle est la marque d'un caractère doux et modeste ; vigoureusement accentuée, elle dénote l'audace, la colère et l'emportement.

L'avarice a pour signe certain l'absence totale de la ligne du Soleil.

Quant à la ride de *Vénus*, elle indique un tempérament ardent et très porté aux plaisirs de l'amour.

La ride de *Mercure* annonce une belle imagination, des impressions poétiques, une éloquence naturelle et l'art de fasciner les masses par une parole colorée et séduisante.

La ride de la *Lune,* bien accusée, dénote un caractère froid et mélancolique. »

CHIROGNOMONIE

2***

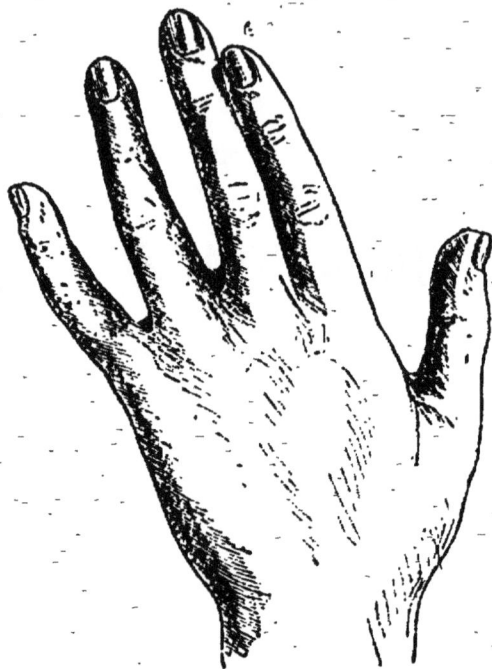

CHIROGNOMONIE

La *Chirognomonie*, ou l'art de reconnaître les tendances de l'intelligence d'après les formes de la main, est, non pas une science moderne, mais un nom nouveau donné à une étude qui remonte à des temps lointains.

Les anciens connaissaient la Chirognomonie; Anaxagoras fut un des premiers qui observèrent la forme de la main de leurs contemporains, et il y trouva des signes indicatifs des tendances de l'esprit. Démocrite, Artémidore, Chalchindus et d'autres savants de l'Antiquité ont enseigné les observations qu'ils avaient tirées de l'inspection des mains. Plus tard, le cardinal d'Ailly, Savonarole, le P. Niquet, ajoutèrent des remarques à celles de leurs devanciers.

Toutefois, ce fut le capitaine Stanislas d'Arpentigny qui, dans notre siècle, se fit le révélateur de la Chirognomonie, en l'érigeant en système. Il faut ajouter que, depuis la publication de la science de la main, une notable extension a été donnée au système bâti par le capitaine, et que d'autres systèmes se sont élevés sans rien ajouter aux découvertes faites par les premiers explorateurs de la main.

La *Chirognomonie* diffère de la *Chiromancie* en ce que celle-ci dicte des oracles en interprétant les lignes qui existent dans le creux de la main, tandis que la Chirognomonie se contente, comme la Phrénologie, d'étudier la conformation d'un organe, et d'en tirer l'indice de l'organisation morale de l'homme.

Les règles principales sont les suivantes : (Nous suivrons à la lettre les définitions données par M. d'Arpentigny lui-même.)

Selon lui, les mains sont classées en sept catégories distinctes. Elles sont, dit-il, assez distinctes entre elles par les formes qui leur sont propres pour être clairement décrites.

Il leur a donné les dénominations suivantes :

La main élémentaire, ou à grande paume.

La main nécessaire ou en spatule.

La main artistique ou conique.

La main utile ou carrée.

La main philosophique ou noueuse.

La main psychique.

La main mixte.

Ces types, de même que les races dans l'espèce canine, ne peuvent s'altérer, se modifier que jusqu'à un certain point.

Une force secrète, celle qui maintient l'harmonie du monde et qui fait que l'homme de nos jours est le même que celui du temps de Moïse, les ramène sans cesse à leur pureté première.

Des différentes manières dont ces types se répartissent et se mêlent entre eux, résultent les différentes civilisations qui se succèdent sur la terre. Avant de les interpréter, parlons de la main et des signes attachés à ses différentes parties.

La Main.

La *Main* est la partie du corps qui termine les extrémités des membres supérieurs chez l'homme et chez les quadrumanes, et qui sert à la préhension des corps ainsi qu'au toucher.

Trois parties composent la main : Le carpe ou poignet, le métacarpe et les doigts. On distingue encore dans la main la paume ou partie interne, et le dos. Une main est dite main droite et l'autre main gauche.

On ne connaît, jusqu'à présent, aucune race humaine où l'usage de la main gauche soit aussi ou plus fréquent que celui de la droite.

Dans tous les pays et dans toutes les races, c'est à la main droite qu'on s'adresse pour les œuvres délicates ; c'est toujours la main droite qui a le rôle le plus noble, la main gauche jouant le rôle le plus sacrifié.

De même, toutes les langues que parle l'homme ont consacré la supériorité du côté droit, et toutes les idées de morale et de justice trouvent leur expression dans un seul mot, le droit. Toutes les races ont associé l'idée de justice avec l'idée du côté droit.

On lit dans une leçon de Psychologie professée par M. Ball sur le dualisme cérébral au point de vue des troubles du langage :

« Le langage est un moyen d'expression, il est surtout un moyen de perfectionnement de la pensée. Les aphasiques, sans être des aliénés, sont au moins des amputés de l'intelligence. Il est acquis que l'aphasie (perte de la parole), coïncide toujours ou presque toujours avec une paralysie du côté droit; or Broca a localisé la faculté du langage dans l'hémisphère gauche. »

Cette espèce de paradoxe a soulevé bien des

orages. Nous sommes tous bicéphales, dit M. Ball. Si l'on considère que dans toutes les races humaines il y a prépondérance du côté droit sur le côté gauche, que le bras droit représente la force, la main droite l'adresse, ou pour mieux dire l'intelligence dans le mouvement, il faudra convenir que, vu l'entrecroissement des fibres nerveuses, le cerveau gauche est plus développé que le cerveau droit. L'homme est droitier de la main, il est gaucher du cerveau. Sans doute, il existe des gauchers, mais ce ne sont que des droitiers retournés. En effet, le point important, n'est point la prépondérance de l'hémisphère gauche sur l'hémisphère droit, mais bien la supériorité de l'une des deux moitiés de l'organe. En général, l'homme choisit le cerveau gauche; dans quelques cas exceptionnels, il donne la préférence au côté droit; mais, ce qu'il faut constater avant tout, c'est que l'homme n'est point naturellement ambidextre comme les animaux; il est essentiellement unilatéral.

Tous les animaux sont ambidextres, et c'est même une des conditions de leur agilité. Nous savons bien que quelques observateurs, entre autres Ogle, ont prétendu que certains singes se servent de préférence du côté droit. Si le fait existait, nous y verrions un phénomène de transition qui servirait dans une certaine mesure de confirmation à la thèse de certains savants qui croient que les singes sont pour nous des parents pauvres dont on peut rougir quelquefois, mais qu'il n'est pas permis de désavouer.

L'homme a subi la loi du perfectionnement ; la spécialisation des organes est, en effet, chez les êtres vivants, la loi du progrès ; la spécialisation des deux hémisphères cérébraux lui a donné un cerveau pour penser, pour parler et pour agir, et un autre cerveau consacré à la vie végétative, ne servant pour ainsi dire, dans l'existence active, qu'à soutenir l'action du premier.

Wigan, dans son traité sur la dualité de l'esprit, prétend que c'est par erreur de langage que l'on dit le cerveau : il faudrait dire les deux cerveaux. Il insiste sur l'indépendance du fonctionnement des deux hémisphères, et rapporte des exemples de dédoublement intellectuel remarquables, dédoublement qui semble donner raison à l'inspiration de Racine, lorsqu'il disait : Je sens deux hommes en moi.

La Paume de la Main

Les os de la paume forment, chez les animaux, presque toute la main, comme on le voit chez les singes. Il ressort de là qu'on peut supposer qu'une domination de la paume sur les doigts dénote, chez l'homme, un caractère approchant de l'animalité, c'est-à-dire un caractère à instinct.

Aussi est-ce de l'épaisseur, de l'ampleur de la paume de la main qu'on juge des appétits physiques et jusqu'à un certain point, de l'intensité des aptitudes intellectuelles que ces appétits déterminent.

Trop grêle, trop étroite, elle indique un tempérament faible et infécond, une imagination sans chaleur et sans force, des instincts sans portée; d'une épaisseur et d'une surface convenables, c'est-à-dire en harmonie avec les proportions des doigts et du pouce, elle indique tous les plaisirs des sens, dans leur juste mesure. Si, au contraire, son ampleur est tout à fait hors de proportion avec les autres parties de la main, elle annonce des instincts et une individualité marqués au coin d'une animalité sans idées.

Ces classements observés selon la forme

longue, courte, étroite ou large de la main, il
est certains signes qui en sont indépendants;
la paume de l'une ou de l'autre peut être dure
ou molle. Le caractère de la main molle est la
paresse. La main dure aime l'action corporelle, le mouvement. Les chairs dures sont plus
actives, plus énergiques, plus près de la matière,
mais aussi moins rêveuses et moins véritable-
ment poètes.

La personne à main molle est paresseuse de
corps, elle craint la fatigue et le soleil, elle
reste volontiers assise tout le jour, dort longtemps, se couche tôt et surtout se lève tard.

Les grandes mains, surtout quand elles sont
dures, sont un signe de force physique, les
mains molles sont un signe contraire; les mains
dures appartiennent aux hommes pratiques,
les mains molles aux hommes de théorie.

Une chose particulière mais notoire pour
tout le monde, et nous en faisons l'observation
puisque nous parlons des mains en général,
c'est que ceux dont les mains tremblent naturellement — nous disons naturellement parce que
chez d'autres ce tremblement est causé par
quelque maladie — sont des gens querelleurs,
prompts à se mettre en colère, méchants et
ivrognes.

Les Doigts.

Les *Doigts* sont au nombre de cinq à chaque main. Ils sont formés chacun, excepté le pouce qui n'en a que deux, de trois os appelés phalanges, distinguées en première, deuxième et troisième.

Il y a des doigts lisses et il y en a de noueux. Parmi ces derniers, ceux de telle main n'ont qu'un nœud, ceux de telle autre en ont deux. Les nœuds significatifs ne sont pas ceux qu'on ne découvre qu'à l'aide du tact, mais ceux que l'œil aperçoit d'abord et facilement.

Il y a des doigts courts, des doigts longs.

La première phalange, la phalange onglée des doigts (pour faciliter nos démonstrations nous indiquons comme première phalange des doigts celle qui porte l'ongle), a trois variétés dans sa forme. Elle est : pointue ou en cône plus ou moins aigu; carrée, c'est-à-dire que les lignes latérales se prolongent parallèlement; spatulée, ainsi nommée parce que chaque doigt offre la forme d'une spatule plus ou moins évasée.

A ces différentes formes sont attachés autant de signes différents.

Nous commencerons par le Pouce qui résume tous les signes de la main.

Le Pouce.

Le pouce, par la clarté, par l'excellence des signes qu'il présente, donne à première vue une idée générale du caractère de l'homme que l'influence des autres doigts viendra seulement modifier.

Le pouce n'a que deux phalanges et une racine ou premier métacarpien.

Sans le pouce, la main serait un instrument défectueux et incomplet; de même sans la fermeté de caractère, la décision raisonnée, la logique, la perception du jugement, du raisonnement, de l'instinct de la reproduction, — facultés dont le pouce, à différents degrés, offre les différents signes, — l'esprit le plus fécond, le plus brillant, ne serait qu'un don sans valeur. C'est ce qui fait dire à M. d'Arpentigny que « l'animal est dans la main, l'homme dans le pouce. » Il paraît même que les idiots viennent au monde sans pouce, que les nourrissons, jusqu'à ce qu'une lueur d'intelligence leur vienne en aide, tiennent constamment leurs mains fermées, les doigts par dessus le pouce,

que les épileptiques ferment les pouces avant
les doigts, que le pouce des moribonds,
comme pris d'un vague effroi, se réfugie sous
les doigts ; etc ...

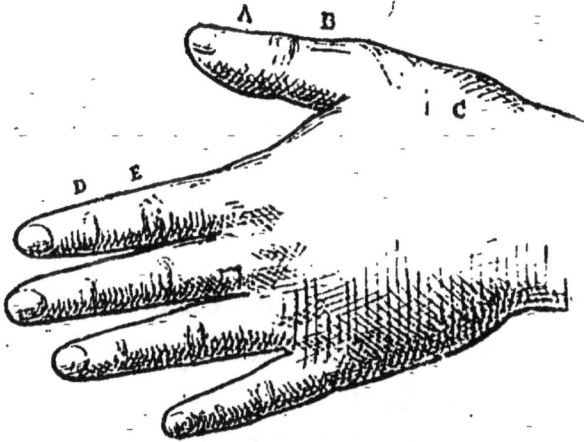

A. première phalange du pouce. — B. seconde phalange. —
C. racine du pouce. — D. le premier nœud. — E. le second nœud.

Première phalange. — La partie onglée du
pouce, c'est-à-dire la première phalange, indique, lorsqu'elle est longue et forte, une grande
confiance en soi, un désir extrême de mettre
la perfection dans ses œuvres, la volonté du
lendemain, l'opiniâtreté dans les résolutions,
la persévérance dans les vues, la continuité
dans les projets, la constance dans les idées, la
fermeté dans les convictions et, dans certains
cas, la domination.

Quand la fermeté fait défaut, c'est-à-dire, quand la première phalange est courte, le caractère est faible, indécis, irrésolu, à la merci des volontés fortes et opiniâtres qui agissent sur lui.

Seconde phalange. — La seconde phalange, lorsqu'elle est longue et forte, est le signe de la logique, c'est-à-dire de la perception du jugement.

L'homme chez qui la seconde phalange est courte accuse un défaut de jugement; les opérations intellectuelles se font sans doute encore, mais seulement dans des limites beaucoup moins étendues. L'esprit manque alors de profondeur, de puissance, de fécondité; il peut se méprendre facilement sur la valeur de certaines idées, de certains faits, et tomber dans les plus déplorables erreurs.

Racine du pouce. — La racine du pouce occupe une place importante dans la paume de la main; sa longueur et son épaisseur représentent la puissance plus ou moins grande des sens, mais particulièrement l'appétit générateur.

L'instinct générateur est une impulsion

naturelle qui pousse les deux sexes l'un vers l'autre pour la reproduction de l'espèce. On conçoit qu'une fonction de cette importance doit nécessairement dériver d'une faculté primitive et essentielle, d'un attrait puissant et indestructible.

Si la racine du pouce est épaisse, très épaisse et très longue, l'homme sera dominé par la passion brutale; si elle est médiocre et en harmonie avec toute la main, l'homme sera amoureux, mais sans excès; si elle est faible, plate, peu apparente, l'homme aura peu d'appétits sensuels. Ajoutons seulement que la racine du pouce (mont de *Vénus* en *Chiromancie*) qui inspire l'âme, la poésie, quel que soit d'ailleurs son développement, peut, lorsque le pouce est long et donne la domination de soi-même, appartenir à une personne très chaste et inspirer seulement une immense charité.

Le manque d'harmonie des deux phalanges du pouce et de sa racine modifie ces significations. Ainsi un homme peut avoir une grande fermeté de caractère indiquée par la première phalange longue et épaisse, et peu de logique. Par la seconde phalange, si elle est courte, il sera dominateur quand même, il voudra avec énergie; mais son manque de logique fera de sa vie une lutte où il se brisera sans cesse. Dans un autre cas, l'homme qui aura la seconde phalange (la logique) forte et longue, et la première phalange (fermeté de caractère) courte, aura plus de logique que de fermeté; il verra clair, mais il hésitera sans cesse. Celui dont la première phalange (fermeté) est courte, et dont la racine du pouce est très épaisse, forte et dure, devra fatalement succomber aux instincts matériels qui l'entraîneront.

En somme, les gens à grand pouce sont gouvernés par la tête; les gens à petit pouce par le cœur, et respirent plus à l'aise dans l'atmosphère des sentiments que dans celle des idées. Un pouce petit annonce toujours un génie irrésolu, ondoyant dans les choses, bien entendu, qui ressortent du raisonnement, et non du sentiment et de l'instinct.

Les doigts lisses. — Les doigts noueux.

La *Chirognomonie* divise encore les hommes en deux catégories, les gens qui ont les doigts lisses, et ceux qui ont les doigts noueux.

Chez l'homme à doigts lisses on trouve l'impressionnabilité, la spontanéité, l'intuition, l'inspiration momentanée qui remplace le calcul, le caprice, la faculté de juger à première vue et conséquemment le goût des arts.

Chez l'homme à doigts noueux, on constate l'intelligence de l'ordre.

Les nœuds apparents sur les doigts sont au nombre de deux.

Le nœud qui lie notre première phalange à la deuxième s'attribue à l'intelligence; ce penchant met de l'ordre dans les idées, dans les conceptions, et les arrange entre elles. C'est le premier nœud.

Le second nœud, celui qui lie la deuxième phalange à la troisième, s'attribue à la vie privée; c'est l'ordre matériel. L'action de cette faculté donne l'esprit d'arrangement, de distribution, de classement, de régularité, l'esprit de propreté surtout.

Lorsque le premier nœud est très développé, c'est : recherche dans la science; lorsque le second nœud est très marqué, c'est : recherches commerciales, habileté dans les affaires d'intérêt.

Des doigts lisses et coniques sont signes de loquacité et de légèreté. C'en est un de pru-

3*

dence et de capacité que des doigts forts et
noueux.

Les doigts lisses ou les doigts noueux peuvent
être courts ou longs.

Les gens à doigts courts et surtout lisses
jugent instantanément et n'examinent que les
masses; l'aspect général leur suffit, ils ne s'occupent pas des détails qu'ils ne peuvent même
pas apercevoir, aussi sont-ils sans façon. Si la
main courte est épaisse et grasse, elle marque
une personne portée aux plaisirs des sens.

Les gens à doigts longs, au contraire, sont
irrésistiblement entraînés vers les détails jusqu'à la mesquinerie. Une main longue avec de
forts nœuds et un grand pouce appartient à
une personne à précaution et à manie.

Première phalange des doigts.

La première phalange des doigts a, nous
avons dit, trois variétés dans sa forme, elle est
pointue, carrée ou spatulée.

La forme pointue donne l'exaltation artistique, l'élégance, la pose en toutes choses et,
par conséquent, souvent l'exagération, mais
avant tout, c'est un signe d'imagination.

Dans toutes les langues on distingue l'imagination du jugement. Il y a en effet une différence entre ces deux facultés, quoiqu'elles ne soient l'une et l'autre qu'un emploi de la faculté de sentir. Souvent le jugement s'exerce en présence d'objets extérieurs sur les idées qu'ils font naître; l'imagination ne s'exerce que sur les idées.

L'imagination est le ferment de la pensée. Appliquée à la peinture, à la poésie, elle découvre et embellit les rapports frappants ou délicats des êtres qui l'intéressent. Dans ses moments d'élévation, elle aborde le sublime qui n'est autre chose que le grand revêtu de simplicité.

Le grand artiste a le secret de la vie, il anime le marbre, il anime la toile, et fait parler la mer, les rochers, les bois et les fleurs.

Les voyants, les inventeurs métaphysiques les rêveurs, les poètes, ont les doigts pointus et le mont de la *Lune* très développé, le mont de *Vénus* est également accusé, car il n'y a pas d'artistes qui ne soient plus au moins sous l'influence de Vénus.

Lorsque l'imagination est nourrie par l'étude, calmée par la patience, réglée par le jugement, c'est-à-dire lorsque le pouce est grand et fier, elle donne le génie.

La forme *carrée* donne le besoin de clarté, l'ordre dans l'esprit, l'amour et la recherche de la vérité, le devoir, l'exactitude, le bon sens.

Les doigts carrés sont donc signe de raison, de réflexion. Le mot raison est pris pour synonyme d'intelligence ou faculté de connaître.

Les doigts pointus inventent par inspiration, les doigts carrés trouvent par les conséquences en remontant des effets aux causes.

Les gens à doigts lisses et carrés aimeront les arts à cause des doigts lisses, mais les arts basés plutôt sur la nature et la vérité que sur l'imagination.

Les doigts carrés, avec le nœud philosophique (ou d'ordre dans les idées), seront à la fois en harmonie et en progrès. Ils seront justes dans la vie, aimeront le vrai et, avant tout, l'utile.

Les mains aux doigts pointus veulent voir l'imagination et l'art partout; les mains aux doigts carrés la règle et l'arrangement partout; les mains avec le nœud philosophique la raison humaine partout.

La science découvre, la science n'invente pas. L'invention est du domaine de l'art dont la mission est plus élevée que celle de la science, seulement l'art ne peut faire un pas sans s'appuyer sur la science.

La forme *spatulée* donne le besoin de mouvement physique ou moral, le positivisme, le réalisme, le doute, l'adresse de main, le matérialisme, l'esprit d'entreprises, de voyages; c'est en général le signe d'un esprit tourmenté ou tourmentant. Il indique plus d'entrailles que de cervelle.

Une main dure avec des doigts spatulés deviendra plus active encore; la main molle et les doigts spatulés se trouvent chez les hommes à projets, surtout si le nœud philosophique vient s'y joindre.

La personne à main molle spatulée est paresseuse de corps, elle craint la fatigue, mais elle aime le bruit, le spectacle du mouvement, pourvu qu'elle n'y ait point part.

Avec des nœuds, les doigts spatulés auront à la fois le goût du mouvement qui forme leur caractère principal, et le goût des sciences exactes, donné par la réunion des deux nœuds.

Une main spatulée aura un pouce court, elle deviendra incertaine, elle essayera de tout, mais sans rien terminer.

L'éducation peut faire naître des nœuds dans les doigts et leur donner la forme spatulée, mais les doigts à nœuds ne deviennent jamais lisses, et les doigts spatulés ne peuvent devenir pointus. Il est plus facile de se matérialiser que d'aller de la matière à l'idéal.

Il y a plus de mains carrées en France que de mains en spatule, c'est-à-dire plus de gens organisés pour la théorie des sciences que d'hommes propres à les bien appliquer.

Les Ongles.

Les ongles sont des lames dures, demi-transparentes, blanchâtres, qui recouvrent la partie dorsale de la phalange que nous avons indiquée comme première phalange.

Les ongles longs sont le signe d'un caractère facile : longs et effilés, ils veulent dire imagination et poésie, amour des arts et paresse; — longs et plats, c'est sagesse, raison et toutes facultés graves de l'esprit; — larges et courts, colère et entêtement; — bien colorés, vertu, santé, bonheur, courage, libéralité; — ongles durs et cassants, colère, cruauté, rixe, meurtre et querelle; — recourbés en forme de griffes, hypocrisie, méchanceté; — courts et rongés jusqu'à la chair vive, bêtise et libertinage; — les ongles épais et forts indiquent que l'on est appelé à vivre longtemps; — mous, faiblesse de corps et d'esprit.

Les phtisiques ont les ongles recourbés, la phalange onglée s'épanouit en forme de massue, l'enchâssement de l'ongle est en outre ordinairement enflammé, tuméfié.

Excès dans les formes.

Tout excès, même dans le bien, est un désordre. « *Ira furor brevis est* » a dit Horace, et ceci peut s'appliquer à toutes les passions. Une passion violente, exclusive, dominante, entravant forcément la liberté morale, doit entraîner l'irresponsabilité.

L'exagération dans les formes extérieures des doigts ou dans l'ampleur des nœuds annonce toujours l'excès et, par suite, le dérèglement de la qualité ou des instincts qu'ils doivent représenter.

Ainsi, les doigts trop pointus sont portés aux entreprises romanesques et impossibles, à l'imprévoyance, à l'exagération de l'imagination qui devient le mensonge, et surtout à l'affectation outrée dans les poses, dans les gestes, dans la voix.

Les doigts trop carrés sont enclins au fanatisme de l'ordre, de la méthode, à l'intolérance pour tout ce qui n'est pas convenu, à la régularité abrutissante.

Les doigts trop spatulés ont la tyrannie de l'activité, du mouvement; rien ne va assez à leur gré; personne, pour eux, n'est assez occupé. Ils sont tracassiers, inquiets, se tourmentent beaucoup et tourmentent encore plus les autres. Les doigts trop spatulés annoncent toujours une certaine brusquerie.

Ces excès existent surtout lorsqu'à l'exagération dans les formes des phalanges, vient se joindre la longueur de la première phalange du pouce qui représente la fermeté et qui pousse à la domination et au mépris des autres.

La première phalange du pouce, large, presque ronde, en forme de bille, annonce toujours l'entêtement; si la logique manque, l'entêtement est invincible. Ne luttez jamais en face avec un pouce très long et large, surtout si la ligne du cœur a peu d'importance. Le pouce très court indique l'insouciance, l'irrésolution, le manque de persévérance, l'enthousiasme, le découragement.

Les doigts très courts et très gros indiquent la colère et la cruauté ; très forts et noueux, la prudence et la capacité ; très longs, la suscepti- bilité.

L'exagération dans l'épaisseur de la troisième phalange des grands doigts est un signe qui indique l'aptitude à tous les plaisirs matériels.

Les mains très molles ou très dures sont portées à la superstition : les mains très molles, par la paresse physique qui laisse le champ libre à l'imagination ; les mains très dures, par une paresse de l'intelligence étouffée par la matière.

Si l'excès en tout est un désordre, nous croyons aussi que c'est une force qui donne quelquefois à l'homme une puissance intellec- tuelle qui n'existe pas dans l'homme que nous trouvons mieux harmonisé, et nous dirons avec M. Ball : — C'est qu'en effet ces esprits placés sur la limite extrême de la raison et de la folie sont souvent plus intelligents que les autres ; ils sont surtout d'une activité dévo- rante, précisément parce qu'ils sont *agités;* enfin, ils possèdent une puissante originalité, car le cerveau fourmille d'idées absolument inédites. Lisez l'histoire, et vous verrez que ce sont eux surtout qui ont révolutionné le monde, qui ont fondé des religions nouvelles, créé, renversé des empires, sauvé des nations, s'ils ne les ont perdues, et laissé leur empreinte sur la science, la littérature et les mœurs de leur pays et de leur temps.

La civilisation serait souvent restée en-arrière, s'il n'y avait pas eu des fous pour les pousser en avant. Sachons donc rendre hommage à la folie, et reconnaissons en elle l'un des principaux agents du progrès dans les sociétés civilisées, et l'une des plus grandes forces qui gouvernent l'humanité.

Revenons aux mains types classées par M. d'Arpentigny.

La main élémentaire, aux doigts dénués de souplesse, au pouce tronqué, quelquefois re-troussé, à la paume ample, épaisse et dure, est celle des paysans, des gens adonnés aux travaux grossiers, aux sens lourds et paresseux, à l'imagination lente.

Les doigts courts, avec une paume très longue, appartiennent essentiellement aux mains élémentaires; par la forme, elles se rapprochent de la bestialité.

L'aspect de la main élémentaire respire l'égoïsme et l'avidité; large, courte, se fermant mieux qu'elle ne s'ouvre, elle semble n'avoir été formée que pour saisir et retenir. — C'est probablement d'elle que nous vient cet axiome édifiant : Ce qui est bon à prendre est bon à garder.

La main nécessaire à grand pouce, dont la première phalange de chaque doigt offre la forme d'une spatule, est celle des gens vaillants, industrieux, des financiers, des avocats, des gens de chiffres. Les gens à mains spatulées possèdent l'instinct de la vie positive, et pour cela ils sont aptes aux sciences qui s'arrêtent au nécessaire physique. — La constance en amour leur est plus facile qu'aux cœurs tournés vers la poésie.

La main artistique a trois tendances fort différentes. Avec de la souplesse, un petit pouce et une paume développée sans excès, elle a pour but le beau par la forme; large, épaisse et courte, avec un grand pouce, elle se propose la richesse, la grandeur, la fortune; grande et très ferme, elle tend aux plaisirs sensuels. Toutes les trois obéissent à l'inspiration et sont relativement inaptes aux arts mécaniques. La première procède par l'enthousiasme, la seconde par la ruse, la dernière par les suggestions de la volupté.

La main utile est de dimension moyenne, plutôt grande néanmoins que petite, elle a les doigts noueux, la phalange extérieure carrée, c'est-à-dire dont les deux côtés se prolongent parallèlement; la paume est moyenne, creuse et assez ferme, et le pouce grand.

Cette main est celle des gens aptes à organiser, à classer, à régulariser, à symétriser; c'est la main des bureaucrates, des professeurs et de tous ceux dont les goûts, comme les habitudes, sont calmes et tranquilles. Ce sont les mains les plus communes.

La main philosophique a la paume assez grande et élastique, des nœuds dans les doigts, la phalange extérieure quasi carrée, quasi conique et formant, à cause des deux nœuds, une sorte de spatule ovoïde, le pouce grand, et indiquant autant de logique que de décision.

Par les nœuds, les mains philosophiques ont le calcul, les déductions plus ou moins rigoureuses de la méthode; par la phalange quasi conique, elles ont l'intuition d'une poésie relative, et par l'ensemble, le pouce compris bien entendu, l'instinct de la métaphysique.

La main philosophique regarde moins en dehors qu'en elle-même, et s'occupe plus des idées que des choses. Elle se défie du soldat et du prêtre; du soldat, parce qu'il est un empêchement à la liberté, et du prêtre, parce qu'il est un empêchement au progrès.

La main psychique est de toutes la plus belle et la plus rare. Elle est petite et fine relativement à la personne. Sa paume est moyenne, les doigts sont sans nœuds ou très modiquement ondulés, la phalange extérieure est longue et effilée, le pouce élégant et petit.

Le type psychique n'est pas, comme l'ont prétendu d'agréables romanciers, le partage exclusif des races héraldiques. Rare partout, il existe néanmoins partout et jusque dans les classes les plus abjectes où il végète, s'ignorant lui-même, incompris et dédaigné, à cause de son inaptitude relative aux travaux manuels.

La main mixte est celle dont les lignes indécises semblent appartenir à deux types différents.

Ainsi, votre main est mixte si, étant en spatule par exemple, la forme en est si peu marquée qu'on puisse s'y méprendre et n'y voir que des phalanges carrées.

Une main élémentaire conique peut être prise pour une main artistique.

Une main artistique peut être prise pour une main psychique et réciproquement.

Une main philosophique peut être prise pour une main utile et réciproquement.

Selon M. d'Arpentigny, ces mains sont destinées à faire une transition entre les mains pointues, carrées, spatulées, nommées par lui mains de race et qui, naturellement en guerre les unes contre les autres par suite de leurs intérêts opposés, se détruiraient, sans les mains mixtes qui, appartenant à des types composés et par conséquent moins exclusifs, les rattachent et les concilient.

Ces mains seraient alors des mains de fusion.

C'est donc aux mains mixtes qu'appartient l'intelligence des œuvres mixtes, des idées intermédiaires, des sciences qui ne sont pas des sciences, comme l'administration et le commerce, des arts qui ne relèvent pas de la poésie, des beautés, des vérités relatives, de l'industrie.

M. d'Arpentigny joint à ces différents types des observations spéciales sur les *mains de femme*.

Il dit : « Les entraînements de chaque type parmi les femmes sont les mêmes que parmi les hommes; seulement, ceux qui sont propres aux types en spatule et carrés sont beaucoup moins impérieux et intenses chez elles, vu la mollesse de leurs fibres, que chez nous.

« Sur cent femmes, en France, j'estime que quarante appartiennent au type conique, trente au type carré, et trente au type en spatule. Ces deux derniers types, dont la branche gourmande est *l'esprit*, pèsent sur le premier dont la branche gourmande est *l'imagination*. — L'homme crée, la femme développe; à nous le principe, à elles la forme. Nous faisons les lois, elles font les mœurs. »

« L'homme est plus vrai que la femme, disait M. Martin (l'illuminé), mais elle est meilleure que lui. L'homme est l'esprit de la femme, la femme est *l'âme* de l'homme.

« Donc nous valons par la cervelle, et elles par le cœur. Nous sommes plus sensuels, elles sont plus sensibles. Leurs sentiments les trompent moins que nos raisonnements. Nous avons la réflexion et nous savons ce qui s'apprend, elles ont l'intuition et elles savent ce qui se devine... »

Nous avons encore une main qui se rencontre assez fréquemment dans un certain monde. Elle est décrite par M. Débarrolles sous le nom de *main de plaisir*.

Il dit : « Il y a une main essentiellement voluptueuse, paresseuse avec délices, mais ardente pour les plaisirs et apte à les goûter tous. Elle est potelée, comme enflée, les doigts sont lisses et pointus, sans nœuds, et gonflés à la troisième phalange, siège des plaisirs matériels. La peau en est blanche, unie, et semble ne pas se salir. Cette main a des fossettes, la paume en est forte, charnue, la racine du pouce (mont de Vénus) est très souvent développée. Le pouce est ordinairement très court, la ligne descend un peu vers le mont de la lune cette main que l'on met au rang des plus belles, est la main des gens de plaisir et de cette classe de femmes entraînées par l'attrait des plaisirs sensuels.

«Les doigts pointus nécessairement lisses, les disposent à l'erreur et les rendent impressionnables, mais, comme le pouce est court et par conséquent la volonté nulle, et que ce qui agit le plus fortement en eux c'est, d'une part, l'appétit matériel indiqué par l'épaisseur de la troisième phalange des grands doigts, et l'instinct de l'amour sensuel indiqué par l'épaisseur de la racine du pouce, ces mains se trouvent irrésistiblement entraînées par le tourbillon de leurs insatiables désirs sans cesse alimentés par la puissance voluptueuse de leur organisation. »

La nature a donc donné aux hommes des instruments distincts comme elle leur a donné aussi des tempéraments qui les portent à des aspirations et à des aptitudes différentes. Tous se valent, seulement, la nature ou l'éducation ont mis en eux des valeurs diverses et des facultés différentes.

Selon que ces valeurs ou ces fac   és se développent plus ou moins, ils s'éloignent les uns des autres. — S'il en était autrement, l'harmonie qui doit exister pour la satisfaction de chacun serait troublée, car si les hommes à mains élémentaires étaient doués des mêmes goûts que les hommes à mains psychiques, ils délaisseraient les rudes travaux faits par ces gens que nous voyons dispersés dans les champs : ces espèces de quadrupèdes, comme osait dire autrefois à la cour le philosophe La Bruyère, en parlant des paysans que l'habitude d'un travail pénible fait courber vers le sol avant l'âge !

Destinée pitoyable que la leur ! les voilà presque nus dans toutes les saisons, attachés, pour ainsi dire, à une terre qui ne leur appartient pas, la défrichant de leurs mains, l'arrosant de leurs sueurs.

Ils semblent n'être venus au monde qu'afin

3**

de partager la vie des végétaux qu'ils culti-
vent.

Ils n'ont d'autres distractions que celles des
intempéries du ciel, d'autres douceurs dans
la vie que celle de l'accouplement, d'autres
lumières que celle de la raison primitive; ne
s'étant jamais écartés du lieu où le funeste
hasard opéra leur création, à moins qu'ils
n'aient été appelés à faire l'étape abrutissante
du soldat; là ils apprennent spécialement pendant quatre ans, chacun à leur tour, à main-
tenir, par leurs forces, les privilèges qui les
affament.

Voilà comment l'ignorance engendre la sottise; voilà aussi pourquoi il y a moins de dis-
tance, a écrit Montaigne, entre l'homme et le
chien qu'entre certains hommes.

Manière d'appliquer la Chiromancie et la Chirognomonie.

Voici comment l'auteur des mystères de la
main procède :

« Nous commençons, dit-il, par le système
d'Arpentigny et nous interrogeons de suite le
grand mobile de la vie, le caractère énergique,
représenté par la première phalange du pouce;

nous passons à la logique, qui est représentée par la seconde. Cela fait, nous examinons l'extrémité des doigts : pointus, carrés, spatulés ou mixtes. Pointus, ils annoncent l'imagination ; carrés, la raison ; spatulés, l'action, l'activité. Nous étudions avec soin leurs formes, soit lisses, soit modifiées par les nœuds; lisses, ils annoncent l'amour des arts; noueux, le raisonnement, le calcul. Nous regardons à leur base si les goûts matériels dominent; puis nous voyons si les doigts sont longs ou courts. Les doigts longs donnent l'analyse, l'amour des détails et, par suite, la susceptibilité. Les doigts courts donnent la synthèse, l'amour de la masse. Si la paume l'emporte en longueur sur les doigts, c'est signe que les appétits physiques dominent.

« Nous tâtons la main pour savoir si elle est molle ou dure, paresseuse ou active. Alors nous consultons la Chiromancie dans la paume de la main.

« Nous examinons d'abord les monts et nous regardons celui qui l'emporte sur les autres par son développement relatif.

« Au premier coup d'œil nous avons appris que la passion dominante est, soit l'amour, indiqué par le mont de Vénus, soit l'imagination, par la Lune, soit l'ambition, par Jupiter, l'art par Apollon, la science ou le commerce par Mercure.

«Pour savoir si ce goût principal est énergiquement protégé, nous interrogeons les trois lignes principales, le cœur, la tête et la santé.

«D'après la longueur plus ou moins grande de la ligne du cœur, nous jugerons de la force ou de la faiblesse de l'attachement; de même pour la ligne de tête qui, droite, longue et bien colorée signifie jugement sain, esprit lucide. Si la ligne de vie est courte, la vie est courte; si elle est longue, la vie est longue; est-elle formée en chaînes, l'existence est pénible; est-elle pâle, mal formée, la santé est frêle, languissante, et ainsi de suite. Tout est basé sur les calculs les plus simples, et cela doit être.

«Puis, pour connaître les probabilités de succès de son action pour le bonheur ou du moins pour la réussite de l'homme dans la vie, nous suivons la ligne de chance, la Saturnienne, dans son parcours et nous notons les places où elle s'arrête et se brise, soit dans la plaine de Mars, soit à la ligne de tête, soit à la ligne de cœur. Si la ligne de chance creuse à travers tous ces obstacles un sillon triomphant et va s'arrêter à la première jointure du doigt de

Saturne, nous pouvons répondre du bonheur ou de la réussite. Mais, si elle s'avance un peu plus, si elle pénètre dans la première phalange, c'est un grand malheur. L'excès en tout est un mal.

Nous regardons ensuite la forme des doigts, selon les données astrologiques. Jupiter pointu, nous donnera la contemplation pour un artiste; Saturne large, la tristesse; Apollon pointu, l'art par intuition; carré, l'art positif; spatulé, le mouvement dans l'art; Mercure, avec un nœud à la première phalange, indiquera le savant, le chercheur.

Enfin nous examinons les points, les ronds, les carrés, les croix, les rameaux, les chaînes, les lignes capillaires, les lignes courbes, les grilles, etc, toujours en ayant soin de les modifier selon la place où ces signes se trouvent, sur Mars, Jupiter, Apollon, etc.

Nous faisons alors un résumé du tout, nous voyons si le bien l'emporte sur le mal, le mal sur le bien ; nous calculons la force d'action et la résistance, nous comparons. »

Les règles de la Chiromancie et de la Chirognomonie sont si simples qu'un enfant pourrait les apprendre facilement, les retenir et les appliquer en peu de leçons.

3***

Ces sciences, qui remontent à la plus haute antiquité, ont été remises à neuf de nos jours par M. Débarrolles et M. d'Arpentigny, aussi renvoyons-nous les lecteurs désireux d'en connaître davantage aux ouvrages publiés par eux, ouvrages que, du reste, nous n'avons fait que résumer et dont nous nous sommes inspiré.

Un mot encore et tout est dit. Ici finit la tâche que nous nous sommes imposée. Nous avons voulu appeler l'attention sur l'un des caractères scientifiques de l'étude de la main : c'est celui de reposer tout entier sur l'observation.

Nous avons voulu aussi rappeler les règles des maîtres dans une science oubliée, sinon méprisée trop longtemps.

Lorsqu'un savant fait connaître son opinion, elle est souvent répétée comme parole d'évangile, mais qu'un pauvre diable fasse la proposition la plus sensée, on ne l'écoute même pas.

Si la science de la main est vraie, elle nous donne à comprendre que notre nature ne résulte vraiment que de cette insondable fatalité antique. Pourquoi la fatalité pour certains êtres, pourquoi la partialité relative pour d'autres (1) ?

(1) Cette fatalité qui pèse si lourdement sur certaine classe de la Société, n'est peut être due qu'à notre inégalité sociale. Car, enfin, qui donc pourrait raisonna-

Si c'était pour un motif impénétrable, mais juste, il y aurait donc compensation dans l'au-delà ? Mais laquelle ? C'est là la question, a dit le poète anglais;..... Insondable abîme !...

Peut-on montrer la Providence aux êtres qui souffrent et persuader à ceux qui ont le sens commun qu'il est bon qu'ils souffrent et qu'ils ne s'en porteront que mieux dans l'autre monde ? Où est alors la liberté ou libre arbitre ? C'est le problème le plus insoluble qui ait préoccupé l'esprit humain, car elle se confond

blement revendiquer pour lui, pour son usage personnel, à l'exclusion des autres, les richesses naturelles, la terre, par exemple ? Est-ce que ces trésors gratuits ne nous appartiennent pas à tous au même titre ? Est-ce que chacun de nous n'y a pas un droit égal, comme à l'air que nous respirons, comme au soleil qui nous éclaire ?

N'est-ce pas parce que la propriété existe que l'humanité est partagée en deux classes inégales. La première n'a que la peine de naître, elle reçoit en partage le bien-être, la science, le loisir, la considération et la suprématie; la seconde est vouée d'avance par le malheur de sa naissance, à l'infériorité, à l'ignorance, aux humiliations, à la pauvreté.

Est-ce que par le fait seul qu'ils sont des êtres humains, tous les êtres ne sont pas égaux en droits ?

La terre est assez vaste pour nous porter tous sur son sein, elle est assez riche pour nous faire tous vivre dans l'aisance. Elle peut donner assez de moissons pour que tous aient à manger ; elle fait naître assez de plantes fibreuses pour que tous aient à se vêtir; elle contient assez de pierres et d'argile pour que tous puissent avoir des maisons. Il y a place pour tous au banquet de la vie.

Rousseau a pu dire avec raison : « Le premier qui,

avec la responsabilité. Le libre arbitre ne serait-
il pas soumis à une individualité, à une relativité, mais une relativité cultivable ? car, en
somme, il y a une santé morale comme il y a
une santé physique, et l'une et l'autre sont les
premiers des biens. Quelle comédie que le sort!
Le mystérieux de notre existence, la futilité de
nos ambitions, le néant de nos joies, tout cela

ayant enclos un terrain, s'avisa de dire : Ceci est à moi
et trouva des gens assez simples pour le croire, fut le
vrai fondateur de la Société civile. Que de crimes, de
guerres, de meurtres, n'eût point épargnés au genre
humain celui qui, arrachant les pieux et comblant les
fossés eût crié à ses semblables : Gardez-vous d'écouter
cet imposteur, vous êtes perdus si vous oubliez que les
fruits sont à tous et que la terre n'est à personne. »

La première des lois morales est de nous aimer les
uns les autres.

A quoi servent toutes ces frontières ? Pourquoi tant
de nations sur notre globe ? Ne sommes-nous pas tous
des humains ?

Pauvre populo ignorant et naïf, dire que c'est avec
deux mots que ton magnétiseur gouvernemental te
galvanise et se facilite la tâche ardue de t'abêtir et
de t'enchaîner!

Patrie : Patriotisme.

L'un veut dire : Divisons pour régner. L'autre :
haïssons-nous les uns les autres!!!

Ces deux mots sont la formule de la tyrannie.

Nous unir pour être libres, telle doit être la formule
de l'émancipation!

Les hommes d'État, qui font verser le sang des jeunes
prolétaires pour défendre leur patrie bornée, sont des
repus qui craignent les troubles digestifs; ces domp-
teurs de nations en se disputant le partage du monde
ressemblent à des loups autour d'un cadavre : chacun
en emporte un morceau.

C'est ce qu'en style diplomatique on appelle le triom-

nous remplit d'un dégoût paisible. Plus
l'homme pense, plus il souffre (*qui auget scien-
tiam auget dolorem*). Mieux vaut éteindre la
lampe......

phe de la civilisation sur la barbarie ; les pillages et les
massacres sont pour eux autant d'exploits admirables
qui doivent les rendre des patriotes fiers.

On entend dire que des centaines d'hommes ont suc-
combé, que des villages ont été brûlés, que des moissons
ont été foulées sous les pieds des chevaux ; immédiate-
ment tous les « honnêtes gens » du pays tressaillent de
joie et le clergé s'en va rendre des actions de grâce au
Dieu des batailles.

Le patriotisme de l'avenir est le patriotisme univer-
sel ; c'est celui qui vit de paix et de travail : si un être
lutte avec ses co-habitants ce doit être par sa produc-
tion, par son labeur; sa gloire à lui, c'est d'être le plus
industrieux, le plus libre, et ses batailles doivent être
les victoires du progrès : voilà notre patriotisme.

Et toi, lecteur, qui que tu sois, si tu es un « homme »
si chaque sentiment se traduit chez toi par un acte de
volonté, si la bête en toi n'a pas tué l'être intelligent, si
ton âme n'est pas singulièrement étroite et ton instinct
aplati comme celui des bourgeois, tu trouveras comme
nous que de même qu'il faut un remède à la maladie, de
même il faut une réforme à notre triste civilisation
moderne. Pour l'obtenir il n'y a que trois moyens: deux
fantastiques et un seul réel. Les deux premiers sont le
cabaret et l'église : la débauche du corps ou la débauche
de l'esprit; le troisième c'est la révolution sociale. Elle
ne se conseille pas, ne se parle pas, ne s'écrit pas. ELLE
SE FAIT ?

. . . .
Lorsque ce desideratum sera un fait accompli, mais
alors seulement, les pauvres et les faibles n'auront plus
à subir les appétits des maîtres; ils n'auront plus à
servir de chair à canon, de chair à machines, ou de chair
à plaisir; et cette fatalité qui semble peser si lourdement sur une partie de l'humanité sera pour celle-ci la
revendication de la formule bien connue : *De chacun
selon ses forces, à chacun suivant ses besoins.*

« Le grand inconnu, a dit un philosophe, est peut-être meilleur que tout ce qui nous semble bon, et plus beau que tout ce qui nous semble beau, mais peut-être aussi n'est-il ni bon ni beau. »

Il y a pourtant un autre sentiment qui doit primer tous les autres et qui ne prend malheureusement sa source que dans le hasard, mais il fait briller la jeunesse et en fait un joyau étincelant ; il étend son rayon sur l'homme mûr dont les rêves sont la réalisation de ses désirs ou de son ambition. Ce sentiment, enfin, c'est l'espérance ! la radieuse espérance qui entre dans le vieillard lui-même et lui fait entrevoir jusqu'à la fin un horizon illimité de plaisirs, — songe trompeur, peut-être, — ou bien le désireux et éternel oubli de tous et de tout !. ....

FIN

TABLE DES MATIÈRES

—⚬⚬⚬—

FIN DE LA TABLE

LE MANS. — TYPOGRAPHIE ED. MONNOYER. — MAI 1885.

www.ingramcontent.com/pod-product-compliance
Lightning Source LLC
Chambersburg PA
CBHW052124090426
42741CB00009B/1935